CRISTIANAS, PROFESIONALES
Y PROMISCUAS

Ivannia Murillo

Cristianas, Profesionales y Promiscuas

Una guía sencilla para entender la violencia de género

Prólogo de:
Luis Peña

Cristianas, Profesionales y Promiscuas. Una guía sencilla para entender la violencia de género

Primera edición, abril 2023

©Ivannia Murillo, 2023
www.women.lat

hola@women.lat

Instagram: @iva_murillo
LinkedIn: Ivannia Murillo

Escrito por: Ivannia Murillo
Edición y Diagramación: David Manangón
Diseño de Portada: Marco Pérez
Publicado por: Marcel Verand

No se permite la reproducción total o parcial de este libro, ni su incorporación a un sistema informático, ni su transmisión en cualquier forma o por cualquier medio, sea este electrónico, mecánico, por fotocopia, por grabación u otros medios, sin el permiso previo y por escrito de la autora. La infracción de los derechos mencionados puede ser constitutiva de delito contra la propiedad intelectual.

Todos los derechos reservados.

Dedicatoria

A mis abuelitas, Tina y Dora.
A mi madre, Ana.
A mis niñas, Angélica y Alana, porque mi
lucha es por ellas y su generación.
A todas las mujeres que son parte de mi vida y que fueron
el motor para escribir este libro.

Prólogo

¿Qué hacer cuando no te sobra el tiempo? Muy buena pregunta, ¿no? Uno de mis Maestros y Mentores diría: «concéntrate en lo importante».

La modernidad, diría mi Mamá, ha hecho que las conversaciones se hayan convertido en texto. Sí, diálogos devenidos a texto que son rápidamente escritos y transmiten una noticia, una declaración, una pregunta o la invitación a ser parte de un proyecto. En este caso, el mensaje que recibí de Ivannia era una invitación que no admitía respuesta negativa. –Ella– estaba escribiendo un libro y me había elegido para redactar el prólogo. Como comprenderán, desde ese día he esperado impacientemente a recibir el borrador, la versión revisada y ver la obra publicada.

He tenido el privilegio de conversar asiduamente con Ivannia en estos últimos años y podría dar fe de su incansable e inclaudicable búsqueda de espacios y oportunidades para promover equidad de género y espacios libres de violencia. Aunque el esfuerzo es grande y las acciones permanentes, resulta importante generar –persistentemente– un espacio para visibilizar el lamentable flagelo de la violencia de género en nuestra Latinoamérica. Tristemente, uno de nuestros principales problemas. Los expertos dirían que solo es superada por la desigualdad social y económica, así como por la angustiosamente célebre corrupción. Las estadísticas indican que nuestra región presenta algunos de los índices más altos de violencia contra las mujeres en el mundo.

Según la Comisión Económica para América Latina y el Caribe (CEPAL), en 2020, se registraron 4.640 feminicidios en 18 países de la región. De acuerdo con la Organización Panamericana de la Salud (OPS), una de cada tres mujeres en Latinoamérica ha sufrido violencia física o sexual en algún momento de su vida. En un estudio de 2019, realizado por la ONG Plan International, se encontró que el 70% de las mujeres latinoamericanas encuestadas había sufrido algún tipo de acoso sexual en la calle o en el transporte público.

Al poeta irlandés Oscar Wilde, se le atribuye la expresión «*la realidad supera la ficción*», y los capítulos de este libro han sido prolija y responsablemente escritos para presentar, desde diferentes perspectivas, miradas y narraciones, historias de violencia que han padecido mujeres de nuestra Latinoamérica. La escritura libérrima, auténtica y concisa de este libro busca responder a la frase de la multitudinaria marcha de la Gran Vía en Madrid: «*Todas las personas conocen a una mujer víctima de violencia, pero casi nadie conoce a un agresor*».

No es su propósito revictimizar a las narradoras de sus historias o afectar la sensibilidad de los lectores, nos enfatiza la autora. La antología presentada en los capítulos de este libro emula a las célebres creaciones de Simone de Beauvoir y Chimamanda Ngozi Adichie, buscando generar una profunda reflexión sobre la conciencia, los valores y demandas de nuestra sociedad. Los capítulos están genialmente escritos, en lenguaje coloquial, sin afeites ni fatuidad, y ceñidos a la autenticidad de la realidad. La alquimia de las historias presentadas, muchas veces tiene por cimiento a las capas de prejuicios, culpa y conflictos internos, tristemente heredados.

Debo confesar que a menudo extraño Costa Rica. Los 5 años que viví allí, la experiencia de amabilidad, optimismo y amor por la vida al aire libre, me marcaron profunda y permanentemente. También es justo decir que soy un privilegiado por tener la amistad de Ivannia; una líder inspiracional que admiro por sus declaraciones y propósitos de vida, sus ritos, sus valores y sus costumbres. Es una profesional comprometida con la búsqueda del mejor talento, la equidad de género, la diversidad y, fundamentalmente, la Inclusión. En resumen, un ser humano excepcional que disfruta el multitasking, y la agenda completa. Insisto con el privilegio porque, humildemente, tuve la oportunidad de nombrar a su pódcast, y ahora tengo la oportunidad de presentar y contextualizar su libro para sus múltiples lectores.

Cristianas, profesionales y promiscuas es una obra original y verosímil que genera muchas preguntas, que sorprende con sus respuestas y que, sin lugar a duda, pone sobre la mesa un tema que necesita un profundo análisis, reflexión y demanda cambios estructurales.

Latinoamérica está cambiando, muchos proyectos importantes muestran grandes avances. La creación de leyes y políticas públicas específicas para combatir la violencia de género, el fortalecimiento de las instituciones encargadas de la prevención y atención de la violencia de género y, esencialmente, la visibilización del problema. Mujeres empoderadas liderando movimientos para exponer la problemática y exigir cambios y medidas de protección.

Transitar este camino no es fácil –dice Ivannia–, pero es la vía que nos conecta con la igualdad de derechos y oportunidades entre mujeres y hombres, el reconocimiento y la valoración de la diversidad y la autonomía de las mujeres.

Luis Peña
Febrero de 2023
Atlanta, Georgia

No me sobra el tiempo: ¿Por qué el libro?

Aunque todo el mundo habla de violencia de género, hay poca comprensión sobre qué es realmente. Es fácil escuchar que es una lucha de las mujeres contra los hombres; que atenta contra los principios cristianos y la normalidad; que es lo mismo que el machismo, pero al revés; entre muchas otras falsas concepciones.

Después de muchos años trabajando con empresas, escribiendo en blogs y revistas especializadas, hablando en pódcast y aprovechando cuanta oportunidad se me ha ocurrido para promover espacios libres de violencia, finalmente me he atrevido a escribir un libro que recapitula algunas de las experiencias de violencia hacia la mujer más memorables que guardo en mi cabeza, empezando desde mi infancia.

No ha sido una tarea fácil. Primero, porque no me sobra el tiempo y segundo porque el *Síndrome de la Impostora* aparece de vez en cuando. En el mes de noviembre de 2022, durante un viaje de dos meses por Europa, pensaba en lo privilegiada que era por estar ahí y en cuántas mujeres nunca podrían vivir lo que yo. ¡Confieso que he vivido!

Mientras pensaba que podía aprovechar el tiempo muerto entre aviones y trenes para sacar de mi garganta y cabeza tanta violencia que a veces se nos queda atascada, nació: ***Cristianas, Profesionales y Promiscuas.***

Así llegué a Madrid. Chepe, un taxista de la ciudad, me recibió contándome lo terrible que fue el 2020 para su país. Me contó de lo doloroso que fue ver morir a tanta gente y cómo su actual gobierno había afectado las políticas de salud pública. Continuó diciéndome que el Barrio Lavapiés (hacia dónde me dirigía) era un poco raro, que la gente se teñía el cabello de azul con verde y rosado y que era medio *hippie*. Para mis adentros yo dije: «*¡De aquí soy!*». Pero que no me preocupara, que era seguro y que en diez minutos estaría en la Puerta del Sol.

Además, me dijo que me quedaba cerca el Metro Lavapiés y Tirso de Molina, mientras yo por dentro tarareaba «♪ *Tirso de Molina, Sol, Gran Vía, Tribunal, ¿Dónde queda tu oficina para irte a buscar?* ♪♪»

Pero la historia más bonita que me contó fue la de su chica (así le decía él). Con mucho orgullo me contó que «su chica» rescataba gatos y que ya tenían dieciséis en su casa. Chepe y «su chica» llevaban quince años juntos. Antes de dejarme en Calle El Salitre, concluyó: «*¡Yo alucino con mi chica! ¿Sabes?*».

Agradecí las historias y me quedé pensando en lo dichosa que he sido por escuchar a tanta gente como Chepe y de poder caminar por diferentes ciudades del mundo. ***Cristianas, Profesionales y Promiscuas*** recoge algunas de esas historias, retratando las vivencias de mujeres tan diversas como la humanidad, pero que comparten la pandemia mundial de la violencia de género, sin que ellas la vean así, quizá.

Es una propuesta cercana, cotidiana y vivencial que interpreto desde mi óptica y desde mis letras, desde la experiencia personal de verme reflejada en otras mujeres y desde mi responsabilidad individual por hacer algo por ellas, pero, sobre todo, con una profunda empatía y sororidad.

Introducción

«*Todas las personas conocen a una mujer que ha sido víctima de violencia, pero casi nadie conoce a un agresor*». Con esta frase empezó la multitudinaria marcha de la Gran Vía en Madrid, un 25 de noviembre de 2022. En esta fecha, cada año, se conmemora el día internacional para la erradicación de la violencia hacia la mujer. Por mi parte, decidí sumarme a una manifestación presencial después de muchos años de hacerlo a través de la virtualidad.

La frase es fuerte, me impactó profundamente y fue un impulso más para iniciar la escritura de *Cristianas, Profesionales y Promiscuas*, con el objetivo de compartir historias de mujeres que podemos encontrar en nuestra cotidianidad, pero también con quienes agreden. No es un tema fácil, así como tampoco lo fue escribirlas sin caer en el amarillismo o en la revictimización.

Cada capítulo es una historia distinta, de diferentes ciudades y pueblos que he transitado, algunos con mayor profundidad que otros. Pretendo no solo hablar de lo oscuro del episodio de violencia del que estos pueblos fueron escenario, sino también hacer una invitación a explorarlos con la riqueza gastronómica, cultural y étnica que cada lugar aporta.

Consciente de que no todas las personas que lo lean podrán comprender el fenómeno de violencia con la amplitud que el mismo merece, he incluido al final de cada capítulo un apartado que resume, de manera más práctica y comprensible, la manifestación de violencia de género que se aborda en la historia. A este segmento lo he llamado *El Diccionario de Bolsillo*.

Este diccionario no pretende abarcar la inmensidad detrás de un tema del que se ha venido escribiendo y hablando con mucha frecuencia en los últimos años. Tampoco tiene como objetivo brindar una definición única e inapelable, pero sí pretende servir como punto de partida y como una «cajita de herramientas básicas» para empezar a abordar el tema de una forma más seria y estructurada.

Contenido

Dedicatoria   7
Prólogo   9
No me sobra el tiempo: ¿Por qué el libro?   13
Introducción   17
Contenido   19

Capítulo 1 | Sevilla
Nadie me quita lo bailao'   25

Capítulo 2 | Santa Clara
El espejo de Yolanda   37

Capítulo 3 | Santa Cruz
El nacimiento de una heroína   47

Capítulo 4 | Bello Horizonte
Historia de maternidades   59

Capítulo 5 | Curridabat
La Casa Tomada   71

Capítulo 6 | Puerto Escondido
Vidas paralelas   83

Capítulo 7 | Orosi
Mi brazo en tus manos   93

Capítulo 8 | Manuel Antonio
Anestesia para mi dolor   105

Capítulo 9 | Chachagua
El albergue de las mujeres tristes   115

Capítulo 10 | ¿Qué vas a echar en tu saco?   125

Acerca de mí
Me dijeron que nunca sería Gerente   129
Servicios Profesionales   133
Agradecimientos   135

Capítulo 1

«Ella era todo lo que una quisiera ser como mujer, pero no tiene las agallas para llevarlo a cabo: independiente, económicamente autosuficiente, un poco fría, bastante avasalladora, sin ningún aire de domesticidad, contaminándola».

—Marcela Serrano
Lo que está en mi corazón

Sevilla

Nadie me quita lo bailao'

Con el siglo XXI ya avanzado, las mujeres continuamos buscando independencia, pero para llegar a esto, necesitamos transitar otros espacios. Para llegar ahí, antes tuvo que ser necesario romper con el paradigma de *la mujer-madre-ama de casa* como único lugar para nosotras. Pero, aún más allá, hoy las demandas relacionadas con el ideal de belleza asociado a la juventud, la separación que se sigue haciendo entre la «mujer para casarse» y «la zorra para usarse», así como la erotización de los cuerpos feminizados, siguen siendo brechas de género que perpetúan la desigualdad.

En las siguientes páginas, quiero compartir contigo unas cuantas historias que evidencian la presión social que se ejerce en las mujeres de toda edad y condición, para que puedas entender de manera sencilla las diferentes manifestaciones de la violencia y que de esta manera reconozcas cuáles son las medidas que debes aplicar para elevar tu nivel de conciencia y puedas tomar acciones que te permitan mejorar tus condiciones de vida y de quienes te rodean.

En el año 2022 tomé la decisión de irme a vivir dos meses a Europa, viajando entre Roma, la Costa de Amalfi, Lisboa y España. Mi corazón y las ganas de más flamenco se quedaron atrapadas en Sevilla, la capital andaluza. Me gusta el fuerte tono de voz, casi gritado, de las mujeres sevillanas, como si no les importara quién esté al lado y desafiaran las costumbres de antaño de hablar bajito «como una dama».

Y es que, si me pongo a pensar, pasa algo curioso en las mujeres de hoy que no les sucedía a las de antes. Hoy tienen que moverse en una bipolaridad muy *fregada* para poder hacer *match* con este mundo hegemónicamente masculino, esto por cuanto los roles de género, cada vez más, se ponen en entredicho. Las mujeres transitamos los espacios cual malabarista: que no se me caigan las tetas ni la grasa abdominal, que no pierda las hormonas que mantienen a raya las patas de gallo, las arrugas de marioneta y las ganas de coger. Estas últimas, que no se noten mucho, pero que tampoco se note que no tengo ganas de coger, porque ante los otros, o soy «zorra» o soy «frígida». Todo esto mientras debemos, además, ser independientes económicamente, porque, si no, soy una «mantenida». Si decidí ser madre, tengo que ser perfecta, si decidí no serlo, tengo que parecer MILF, de lo contrario podría acarrear dudas sobre mi orientación sexual.

Ahora bien, no basta con parecer treintañera (sí, a esa edad ya eres considerada MILF) o en el mejor de los casos «cuarentona bien mantenida», sino que, además, tengo que justificar mi «no maternidad» con ropa cara (mínimo Michael Kors), automóvil de último modelo (ojalá modelo Sedan o Hatchback, porque si es un SUV, que no sea muy grande, o también podría poner en duda mi heterosexualidad), una casa en un *condo* muy cool con piscina (foto en traje de baño para Instagram), o con viajes fuera del país (ojalá a Europa o Miami de *shopping*).

Pero, ojo: ¡Hay que considerar algo más! Si tuvimos estos privilegios de clase, corremos el riesgo de ser «Damas de compañía» o necesitar de un «*Sugar Daddy*».

Me he detenido a leer este párrafo otra vez y «¡puta!», me sigue sorprendiendo la gran cantidad de demandas sociales encima de nosotras que, a veces, se requiere un nivel de conciencia muy elevado para notarlas.

Las mujeres de antes, en cambio, lo tenían más claro, no digo que más fácil, pero al menos no se movían en esas ambigüedades tan propias de un desorden esquizofrénico. Ellas debían ser sumisas, obedecer, atender al marido, ser madres y esperar. Quienes decidían no ser madres, el camino para ellas quizá podía ser, monja o convertirse en «la solterona» que cuidará a los viejos de la familia. Para los efectos de mi vida no católica: la misma mierda. Y es por eso por lo que la frase de abuelas, suegras y machos alfa de: «*¡Las mujeres de ahora no son como las de antes!*», tiene tanto sentido para mí y entonces agrego: «*¡En buena hora!*».

Desde mi experiencia, y la de mis congéneres antecesoras, no todo tiempo pasado fue mejor. Violaciones, incestos, agresiones físicas, embarazos adolescentes, docenas de menores en abandono por parte de sus progenitores, niñas silenciadas, deseos negados, menstruaciones vergonzosas, virginidades sobrevaloradas, matrimonios sin amor, y mejor no sigo, fue la realidad que caracterizó a las generaciones pasadas y que todavía se padece. Y no, mi familia no es la excepción, si consideramos que una de cada tres mujeres ha sido víctima de un tipo de violencia sexual.

Lola, una mujer andaluza que conocí en un viaje a Sevilla, es alguien que sí sabe cómo moverse en esa ambivalencia de la que les hablo. Ella grita, mueve sus caderas con la sensualidad que yo quisiera tener, levanta sus manos y su voz para gritar: *¡Olé!*, mientras la acompaña un *cantaor* y un guitarrista que han improvisado tremendo concierto en un bar de la calle Juan de la Mesa. Juro que, si el ritmo hubiera sido algo más parecido al reguetón o la salsa, me hubiera atrevido a meterme al espacio convertido en *tablao*, en el que pasé durante mi estadía en esa ciudad.

Ese exorcismo de la culpa, la vergüenza y la importancia que le atribuimos al *qué dirán* es lo que más admiro de Lola, sobre todo considerando que es una mujer que pasa los 65, porque, claro está, esa actitud es más aceptada en una chica menor de 35 que en una mujer que encasillamos en un espacio privado, reservado y ausente de música, baile y gritos flamencos. A este tipo de discriminación le llamamos edadismo, concepto del que he aprendido mucho gracias a mi amiga Flora Proverbio, otra mujer digna de admiración que se ha atrevido a hablar de la sexualidad y los cuerpos feminizados después de los 50. Aún hoy, en 2023, el sexo en la tercera edad, e incluso un poco antes, sigue siendo un tabú.

Es curioso, pero en muchas cosas fui una niña precoz, desde que tuve el conocimiento para desmentir a la cigüeña o al cuento de la semillita que implantaban en el vientre de la madre, me preguntaba cómo tenían sexo las mujeres que, en ese momento, consideraba viejas, es decir, mi madre, mis tías, abuelas y, en general, cualquier mujer con la que tuviera un vínculo. Me cuestionaba si lo deseaban, si eran capaces de decir lo que querían, si les gustaba y si podían abrirse al placer. En mis adentros me respondía yo misma, pero mi precocidad no llegó nunca al nivel de preguntar abiertamente a los adultos. Tristemente, para mí la respuesta no era halagadora, yo tenía un leve presentimiento de que mis sospechas eran comprobables. Y en el espacio clínico, en mi incipiente labor terapéutica, las estadísticas terminaban por darme la razón.

Hubo muchas cosas en mi vida de púber que alimentaron mi precocidad. Una de ellas fue haberme encontrado con *Cien Años de Soledad*, de Gabriel García Márquez y alguna de sus muchas mujeres. Amaranta Úrsula, con sus pechos de melocotones, me hacía volar la imaginación, ideando quién sería el primer hombre que despertara esas pasiones en mi cuerpo. Ya menos púber y entrando a mi vida de joven adulta me encontré con algo un poco más explícito: El Marqués de Sade. Si el Gabo hizo que explotaran en mi cabeza miles de ideas, el Marqués me hizo una mujer mucho más imaginativa de lo que ya era. Nunca había pensado que tantas posiciones y cuerpos flexibles pudieran habitar esta tierra. Una versión más poética me llegó de forma tardía: *El Kama Sutra*. Hubiera deseado conocer primero esta obra de arte antes que encontrarme con *Filosofía en el tocador*. Mi vida sexual de adulta me sigue corroborando que hay experiencias sexuales tardías que te llevan a cuestionar las primeras.

Aunque fui precoz en muchas cosas, esa curiosidad tempranera me llegó de forma más intelectual que física. Muchos aprendizajes los tuve por equivocación o por la ignorancia de mis abuelas, tías, mi madre y otras vecinas religiosas, que tenían más tiempo para meterse en chismes de la vida ajena, que para cumplir con sus mandatos patriarcales. La palabra masturbación, por ejemplo, que siempre me sonó fea, la escuché por primera vez de una mujer que me decía: «*tu novio solo te usa para masturbarse*». Así respondió mi vecina a una escena pasional que protagonizamos mi novio y yo detrás de la pared del colegio secundario, hace tantos años ya. A partir de esa fecha me preocupé, como lo hago hasta el día de hoy, de escudriñar en los diccionarios el significado de cualquier nueva expresión. No solamente mejoré mi nivel lingüístico, sino también el sexual.

Otro capítulo de mi improvisado *Manual de aprendizaje sobre sexualidad* lo tuve cuando escuché por primera vez una frase muy folclórica de mi tierra: «*Cuando la de abajo se para, la de arriba no piensa*». Mi lógica deductiva me hizo pensar que la de arriba era la cabeza o, mejor dicho, el cerebro, pero pasaron algunos meses, si no años, en entender cuál era la de abajo. ¡Es curiosa esa forma de aprendizaje!

La malicia propia, de lo que Freud llamó «Fase edípica», me llegó justo cuando él lo había anticipado en sus libros. Un día, llegando del preescolar a mi casa, que colindaba con la finca de mi abuelo materno, me encontré no solo con un calor infernal, sino también con decenas de hombres que arrancaban la cosecha de yuca. Como era costumbre y en la intimidad de mi hogar, me quité el uniforme celeste, que constaba de una especie de *gabacha* y me quedé nada más en camiseta de tirantes y un short bombacho. No pasaron más de cinco minutos para que mi madre me sentenciara: «*¡Vaya y se pone otra ropa, hay muchos hombres en la casa!*». Sin entender qué tenía de diferente ese día a los otros, considerando que para entonces ya había tres hombres en la casa (mis dos hermanos mayores y mi papá), corrí a ponerme algo más de ropa encima, refunfuñando por el vaho insoportable del mediodía. Ese fue otro aprendizaje sobre el deseo del cuerpo femenino, no el mío, sino el de los otros sobre el mío. Fue una enseñanza-sentencia que acarreo hasta el día de hoy.

Ante este panorama, pareciera que todo está perdido, pero no es así. Como diría Fito Páez, «♪ *¿Quién dijo que todo está perdido? Yo vengo a ofrecer mi corazón* ♪♪». Te invito a empezar a cuestionar los sesgos que tienes acerca de lo que es «ser mujer» o «ser hombre». Para esto existen muchas estrategias y métodos, los cuales te iré explicando en los siguientes capítulos para que puedas implementarlos en tu día a día. No hay fórmulas mágicas, se trata de que de verdad te importe lo que le pasa a otra persona. Para ello, lanzo preguntas reflexivas, como un primer paso para la escucha.

Diccionario de bolsillo

• **Demanda social**: Solicitud explícita o implícita que hace la sociedad a una persona o grupo. Cuando se habla de demanda social, en el contexto de la teoría de género, se hace referencia a lo que se espera de un hombre o una mujer por el hecho de haber nacido como tal.

• **Edadismo**: Discriminación basada en la edad. Se manifiesta cuando se otorgan sesgos, estereotipos y creencias falsas a una persona basándose en su grupo etario. En el mundo occidental, las personas de la tercera edad son las que más sufren de este tipo de discriminación.

• **Privilegio**: Se trata de una condición que hace que una persona o grupo social goce de mayor ventaja que otro. Las manifestaciones de estas ventajas usualmente se refieren a lo económico, pero también pueden presentarse en acceso a información, educación, oportunidades laborales, entre otros.

• **Mandato patriarcal**: Es un tipo de demanda social basada en el género, el cual establece lo que se considera propio del hombre y de la mujer, es decir, el cómo deben comportarse, principalmente en el ámbito de la familia y la sexualidad.

• **MILF**: Término utilizado en la cultura pop. Significa *Mother I'd like to fuck*, cuya traducción al español sería, Madre a la que me gustaría cogerme.

Capítulo 2

«La mujer que conoce otros cuerpos conoce el mundo. Circula, experimenta, sabe lo que tiene y lo que puede tener. Aprende el deseo, la búsqueda, a preguntarse por las condiciones de su propia vida, a cuestionarlas, a no tomarlas como dado e inquebrantable. La libertad sexual de las mujeres atenta contra la capacidad de los hombres de subyugarlas».

—**Tamara Tenenbaum**
El fin del amor

Santa Clara

El espejo de Yolanda

La humanidad siempre ha buscado libertad. Las mujeres anhelamos y vivimos esa libertad de forma distinta a los hombres. A ellos, parece ser que, luego de alcanzar cierta independencia, la misma les es dada casi por orden de la naturaleza. Para nosotras, esa ruta es distinta, tiene una serie de recovecos que debemos recorrer. Primero hay que romper el vínculo simbiótico con el padre y la madre, luego con los hijos y, más difícil aún, aprender a dejar de *maternar* a las parejas.

Santa Clara fue el lugar donde sentí lo que es la libertad, por primera vez. La sentí en el corazón y en el estómago. Creo que ambos se reían, me gusta imaginar cómo ríen mis órganos. No sé si la risa en mi cara lo expresaba, pero mis vísceras y yo nos sentíamos felices de verdad.

La libertad es mi valor más preciado, quizá por eso el vientre de mi madre decidió parirme un 15 de septiembre, Día de la Independencia. Todos podrían decir que a mis 15 años cualquier símbolo podía ser considerado libertad, pero la mía sí que lo era.

Santa Clara es un hermoso pueblo en la zona norte de Costa Rica, no lo conocía para ese entonces cuando, de manera valiente, mi papá y mi mamá me permitieron irme a estudiar a un colegio público creado para personas con excelente rendimiento académico que desearan continuar una carrera científica. Conmigo, perdieron el tiempo.

Mi madre lloró mucho, recuerdo verla al final del largo pasillo. Se me quedó viendo durante largo tiempo con la certeza de quien ve a alguien que no volverá. Yo, mientras tanto, con mi mochila en mano, recorría los corredores de la ciudad universitaria con ganas de gritar: ¡Soy libre! Mi madre tenía razón, no volví a casa nunca más, luego del colegio, inicié la universidad y después una carrera laboral que me ha permitido vivir la vida con la que siempre soñé.

«El caminante aéreo», así le decíamos mis amigas y yo a un profesor cuarentón que se convirtió en el ícono sexual de jóvenes y no tan jóvenes. Su camisa perfectamente planchada y su pantalón impecablemente ajustado a su sensual cintura hacían una combinación ideal con su cadencia al caminar. Me enamoré de él de la forma en que una quinceañera se puede enamorar de su profesor de Genética. También me enamoré de otros hombres más cercanos y posibles. En ese lugar al que, de forma muy acertada, le llamaban: «*La isla de los hombres solos*», los brazos y abdómenes tonificados, el sudor, el derroche de testosterona y otras cosas menos agradables, como las palabras soeces, los eructos y los piropos groseros no escaseaban.

El apodo hacía honor a su grandeza y a lo inalcanzable de su ego, parecía deslizarse y flotar sin esfuerzo por los pasillos del campus. De él me enamoré yo y creo que Yolanda también, nunca lo supe con certeza, así como tampoco supe si alguno de los dos tenía compromisos de pareja. Para mis efectos, importaba poco.

Me enamoré del «Caminante Aéreo» y de Yolanda. De esta segunda de una forma no sensual, sino como aquello que ves en un espejo. Amé su libertad y su impetuosa calma, cuando en una gira a las 7 p.m. no dudó en ponerse su traje de baño y meterse al lago y mover sus manos por encima del agua, mientras gritaba lo rica que se sentía el agua tibia de El Arenal. Muchas personas se referían a ella como: «La Loca». Yo envidiaba esa locura, mezcla de libertad, sensualidad y atrevimiento, y pensaba que todas deberíamos ser así. Nunca supe si aquello era un ritual de seducción hacia el «Caminante Aéreo», pero lo cierto de todo es que la miraba como sigo mirando a las mujeres que son símbolo de seguridad y confianza en sí mismas: con una sorora envidia.

Además de su libertad, de Yolanda aprecié su profesión. Fue ahí donde decidí abandonar las Ciencias Exactas y optar por la Psicología. Tenía la creencia de que era la Psicología quien la había hecho libre. Años después, iniciando el nuevo siglo, confirmé que yo tenía razón: la Facultad de Ciencias Sociales y la Psicología me hicieron más libre.

En 1998 tuve que pasar por la horrible experiencia de experimentar con ratas. El curso de psicobiología me obligaba a ello. Por esa razón, recuerdo que nos llevaron a ponernos la vacuna contra la rabia. Sin pudor alguno, la mayoría de mis compañeras se bajaron el pantalón y mostraron sus nalgas, algunas de ellas con tanga estilo brasilero o hilo. Recuerdo que, a mis 18 años, vi la escena con el pudor que solo una chica virgen de zona rural, criada en la iglesia evangélica, podía tener. En vano fue mi esperanza de que nos pusieran en un consultorio privado, donde mostrar la punta de mis nalgas no fuera un tema escabroso para mí.

No había entendido el poder que tenía la crianza en mi cuerpo y, mucho menos, tenía idea de cómo experimentar esa libertad que otras asumían como si les hubiese sido dada por arte de magia. Pasaron 108 menstruaciones para tomar la decisión de empezar a desprenderme de ese pudor, del que ahora me queda poco, pero que disfruto con cierto nivel de perversión. El pudor se fue, poco a poco, pero aún resuenan frases incrustadas en algún lugar que no es el inconsciente: «*¡Mejor ser deseada que sobrada!*» «*¡El hombre llega hasta donde la mujer se lo permite!*» «*¡Las chicas deben ser recatadas!*».

Sin entender mucho de estas frases y menos sobre el impacto que las mismas tienen sobre nosotras, nuestros cuerpos y deseos, recuerdo que solo oírlas me revolvía el estómago, como si los arquetipos de los que habló Carl Gustav Jung acudieran a mí en una especie de ritual de iluminación. Sentía que solo oírlas, aunque no estuvieran dirigidas a mí explícitamente, me robaban la libertad que yo tanto anhelaba y aquella que, por poquita que fuera, yo valoraba como inmensa. La posibilidad de tomar café en una cafetería-librería, encerrarme en la biblioteca por horas, como quien había descubierto un placer inagotable, disfrutar de una tarde de poesía y trova, tener una cita e incluso, ponerme la ropa que quisiera, eran símbolos de libertad que ahora entiendo, fue el inicio de una más grande.

Ahora que soy vieja, soy más consciente de lo importante que es liberarse de la presión social sobre nuestro cuerpo, como lo más cercano que poseemos. Esta expresión corpórea de nosotras mismas nos enfrenta a una serie de desafíos que, lamentablemente, se acrecientan con la edad. Hablar de feminismo no es solo hablar de las niñas y de las mujeres jóvenes, es también poner sobre la mesa que el envejecimiento es un factor que incrementa nuestra vulnerabilidad, del cual no podemos escapar.

Yolanda me permitió dar mis primeros pasos en la mitigación de la presión social sobre mi cuerpo. Ella, sin darse cuenta, empezó a ayudarme a salir de una burbuja-vida y con ella, entendí que mi caparazón era mi protección, pero que podía salir a veces. Aprendí que sí era posible transitar espacios seguros; no hablo de las calles o los lugares públicos, hablo de seres humanos que te acercan, te contienen y te sostienen, que son capaces de protegerte y guiarte, pero que, además, tienen la valentía de detener la violencia.

Joaquín Sabina, en una de sus más recientes canciones, me dejó muchas preguntas:

«♪ *...Siempre he querido envejecer sin dignidad Aunque al fusil ya no le quede ni un cartucho. Si el corazón no rima con la realidad, cambio de rumbo, sintiéndolo mucho* ♪♪».

La frase que más me quedó dando vueltas es «Envejecer sin dignidad», porque siempre hemos oído que debemos envejecer con ella. Sin embargo, me hago estas preguntas: «¿Qué significa para las mujeres envejecer con dignidad?» «¿Es esto posible en una sociedad que enaltece los ideales de belleza de la juventud?»

Diccionario de bolsillo

• **Factor de riesgo:** Cualquier circunstancia o característica explícita o implícita que hace que una persona o grupo esté asociada con un aumento en la probabilidad de padecer, desarrollar o estar especialmente expuesto a una enfermedad o condición desfavorable.

• **Espacios seguros:** Desde el punto de vista psicoemocional, es un espacio físico o simbólico que permite que una persona o grupo tenga la sensación de protección por estar exento de violencia.

Capítulo 3

«Quiero que mi cara de vieja no sea triste, quiero tener las arrugas de la risa y llevármelas conmigo al otro mundo. Quién sabe lo que habrá que enfrentar allá».

—**Ángeles Mastretta**
Mujeres de ojos grandes

Santa Cruz

El nacimiento de una heroína

Las mujeres experimentamos violencia en todas las etapas de nuestras vidas. Me atrevo a decir que desde que los progenitores se dan cuenta de que el nuevo ser humano será una niña, hasta que esta muere. Nuestro ciclo vital parece ser un suceso encadenado e interminable de agresiones.

La edad nos trae una condición más de vulnerabilidad. El edadismo se convierte en un lugar sin escapatoria, porque nadie puede vencer a la vejez. No podemos hablar de cómo llegamos a ser viejas sin hablar de cómo fue esa construcción social del «ser mujer» que nos permeó desde la concepción. Por eso quiero contarles la historia de Cristina, una de mis heroínas favoritas.

Cristina nació por allá de mil novecientos cincuenta y tantos, cuando aun el queso Turrialba no se llamaba así y las fincas productoras no imaginaban que algo de su tierra pudiera ser llamado «Denominación de origen». Su niñez transcurrió entre guineos verdes, con arroz y frijoles, carne una vez al mes, siempre y cuando su padre no se hubiera gastado en guaro el miserable salario de peón que recibía por la recolección de café o por ayudarle al patrón con la ordeñada del ganado. Eso sí, había algo que nunca faltaba: la leche recién ordeñada de la vaca. Hoy, nadie imaginaría cómo los cuerpos de ese entonces no desaparecían en diarrea por consumir tal cantidad de lactosa.

Cuando el dinero era menos que insuficiente, el ñampí o la malanga sancochada con sal y leche era la vianda para ella y el resto de su numerosa familia. Esa fue la razón por la que se desternilló de risa una vez que la llevaron a Barrio Escalante a almorzar por su cumpleaños y le ofrecieron croquetas de malanga acompañadas de alioli. Sin un ápice de vergüenza, no dudó en preguntar qué cosa era el alioli y, por supuesto, dio cátedra sobre ese tubérculo desconocido para la mayoría de *hipsters* que frecuentan la zona. No tardó en explicar cómo se cultivaba, en qué condiciones podría aumentar o disminuir su tamaño, cómo se cosechaba, se pelaba y se ponía en la olla a cocer hasta que estuviera lo suficientemente suave para cortarse en rodajas o cuadros, según la preferencia del comensal, y se mezclaba con la leche recién hervida sin las natas, lo cual me pareció muy bueno porque me provocan náuseas.

Para quienes no nacieron en la pobreza del campo de la Costa Rica del siglo pasado, es difícil imaginar cómo, en un mismo plato, converge un tubérculo con sal y una leche de vaca recién ordeñada, pero, para ella, esa era una comida clásica de la que hoy solo le queda el no tan grato recuerdo en su paladar.

La menstruación le llegó, como a la mayoría de las mujeres de su época, sin esperarla, con asco y lágrimas. No tenía otra que aguardar todos los meses unos cuantos mililitros de sangre, saliéndole por la vagina con dolor durante algunos días (tres a cinco, generalmente), pero además, lo soportaba sin acceso a uno de los mejores inventos de la historia: las toallas sanitarias invisibles con alas o los tampones (para aquellas que dejaron de comerse el cuento de que estos últimos hacían que se perdiera la virginidad o que era para quienes ya no eran vírgenes). La menstruación está, aún hoy en día, plagada de muchas ideas estúpidas y retrógradas; además, como parte de los ciclos propios del cuerpo femenino, se ha usado como un mecanismo más de dominación.

La llegada de «la amiga», como se le decía a la menstruación en Costa Rica en esa época, era un recordatorio de que, a partir de entonces, el embarazo se presentaba como una posibilidad, pero que, además, la niña ahora se convertía en una señorita, que podría ser objeto de deseo por parte del otro, es decir, del hombre y, por tanto, debía ser cuidada. Las madres primerizas de una menstruante recibían la sentencia: «*Ahora sí la debes cuidar, ya es una señorita*». Esta es una de las frases que, hasta hoy, me sigue revolviendo el estómago y que es una señal de mi feminismo primitivo, que en ese momento ni siquiera reconocía como tal.

El deseo del otro, del hombre, aparece con la menstruación como un mandato, acercarse a la ahora «señorita» es una forma de reafirmar la masculinidad. Para nosotras, en cambio, aparecía como un miedo vergonzoso. El temor por lo desconocido, el dolor mensual, los senos y las caderas que no paraban de aumentar de tamaño, el acné que arruinaba nuestros intentos primarios de empezar a maquillarnos y, sobre todo, las frases de abuelas y madres que nos recordaban que ya jamás volveríamos a ser las mismas, eran un trauma que nos alejaba de nuestra vida de niñas y nos lanzaba a «ser mujeres» sin ansiarlo tanto.

En esa época en Santa Cruz los ríos aún eran lugar para bañarse y disfrutar de un chapuzón, pero, con la llegada de la regla, jamás volvería a ser lo mismo. Las mujeres rezaban a todos los dioses pidiéndoles que no les llegara la «amiga» un jueves santo, sobre todo para no tener que explicar a los demás del porqué de su negativa a meterse al agua. Y es que, era una locura pensar en mojar el short y el remedo de pañal de tela que usaban para filtrar el flujo de sangre constante.

Si hubieran pedido algo al dios en que creían en ese momento era que, por tres o cinco días (lo que durara su menstruación), se convirtiera en Diosa Menstruante y fuera un poco sorora con ellas. Aun de adultas, las mujeres acarreamos dificultades para explicarle al otro, al hombre, qué es lo que nos duele y, ¡es lógico!, nosotras tampoco sabremos nunca como duele «un huevo», por eso, en mi lenguaje feminista y consciente de género, prefiero decir que a alguien le caigo: «en un ovario», porque ese dolor sí que sé lo que es.

Pero ese dolor, el físico, es solo una antesala de otros dolores. La menstruación, tal como nos la vendían, era matar nuestra niñez. Además de no bañarnos en el río, lavar las telas absorbentes y malolientes diariamente, tomar los mejunjes recomendados por otras menstruantes, actuales o pasivas, la regla nos recordaba que ya no podíamos andar por ahí *chiroteando* como cuando éramos niñas. Montar a caballo, andar en bicicleta, subirnos a un árbol o tirarnos de una loma y quedar incrustadas en un árbol era un peligro para perder nuestra virginidad.

Por eso, una de las cosas que le tenemos que agradecer a la modernidad, además de los tampones, es la deslegitimación de esas ideas erróneas tan arraigadas en nuestro cuerpo que nos impedían seguir disfrutando de los placeres de la niñez, pero que, de forma un poco esquizofrénica, nos recordaba que aún no estábamos listas para los placeres de la adultez. ¿Cómo lograr sobrevivir en esa dicotomía?, es una de las grandes hazañas de las mujeres en estas edades.

Mi primer encuentro con un tampón fue a mis quince años en un campamento evangélico juvenil. Desde mis creencias y posibilidades de acceso a información, creía que algo así era para chicas que ya tenían experiencia en relaciones sexuales con penetración, y es que, es muy difícil pensar en cómo se introduce un objeto de un tamaño poco menor al de un dedo meñique en un orificio que ni idea tenías de qué tamaño era, a no ser que ya hayas dimensionado que un ser vivo sale por ahí y que, para haber sido concebido, un pene erecto tuvo que haber ingresado por ese mismo lugar. Si fuiste criada como evangélica ortodoxa, las palabras sexo, penetración y pene ni siquiera formaban parte de tu vocabulario. Por ende, sigo insistiendo en que es difícil imaginar cómo un objeto de un tamaño aceptable pueda entrar por tu vagina, además, siendo autointroducido. Pasaron más de diez años para que yo empezara a usar los tampones, desde entonces no hubo vuelta atrás.

El 2022 ha sido un caos para las mujeres con el desabastecimiento de tampones por la supuesta carencia de una materia prima para su fabricación. Sería capaz de decir: «¡*Putin malparido!*», pero creo que eso es un insulto misógino. También podría decir: «¡*Putin cara e´ picha!*». Y entonces sería igual de sexista, por ende, prefiero decir: «¡*Maldito Putin!*».

El uso del tampón es casi tan liberador como el de las pastillas anticonceptivas o el condón masculino, con la salvedad de que el uso de este tiene que ver con una decisión propia que no debe consultarse con nadie, mientras que el uso del condón pasa por la aceptación del otro, del hombre, de querer usarlo. Es curioso que cuando se habla de menstruación, inmediatamente haya una alianza con las relaciones sexuales (coitales) y, con ello, la posibilidad de un embarazo. Debe ser por eso que mi abuela hablaba de la regla como una amenaza, que aún hoy me tiene un poco traumada y que me invita a exorcizar a las mujeres de mi vida, del demonio de la prohibición, del sentimiento de asco y vergüenza, del temor a explorar nuestra vulva, de recorrer espacios vetados para nosotras, de no tener al menos la intención de ocupar los lugares que han sido reservados para hombres. Me libero y libero a otras de la no aceptación de nuestro cuerpo, de la negación del ciclo natural de nacer, crecer, envejecer y morir.

Quizás una de las mayores demandas sociales con las que acarreamos las mujeres es la maternidad. ¿Cómo se vive la maternidad? ¿Puede ser la maternidad un mecanismo más de dominación hacia las mujeres? En el próximo capítulo pretendo darte algunas ideas para reflexionar acerca del tema.

Diccionario de bolsillo

• **Construcción social**: Implica un conjunto de pensamientos, acciones, creencias y conductas que se mantienen en un grupo social determinado.

• **Sororidad**: Término usado para referirse a la solidaridad, específicamente entre las mujeres.

ered in the
Capítulo 4

«Las mujeres nacimos —¿o fuimos criadas así?— atentas al acontecer de los otros y muy poco al propio. En el lenguaje de lo no dicho, siempre pendientes preparándonos para "el otro final": la maternidad. El niño hombre no ve nada, simplemente juega a la pelota; en cambio, la niña se preocupa porque la cara de la mamá está triste: ella sabe desde siempre cuáles son los gestos de la tristeza».

—Marcela Serrano
Antigua vida mía

Bello Horizonte

Historia de maternidades

La maternidad fue, durante siglos, el camino designado para las mujeres. Haber nacido hembra era la única señal necesaria para creer que la ruta de dar a luz era el destino final. En este capítulo pretendo exponer las diversas caras de la maternidad, aquellas que son ejercidas por obligación y las que son ejercidas desde el deseo. Lo hago a partir de una escucha externa y empática, así como desde la experiencia de ser hija, nieta y amiga de otras madres.

En Bello Horizonte de Escazú, conocí a una familia de cuatro generaciones de apellidos Gómez Campos: Leoncia Gómez Campos, madre de Dolores Gómez Campos, que a su vez, es madre de Norma Gómez Campos, quien dio luz a Maureen Gómez Campos. Fue esta última quien rompió la cadena de madres solteras que no tuvieron otro camino que dar los dos apellidos a sus engendros.

Las historias sobre los progenitores eran muy confusas. Acercarse a las tres primeras generaciones de mujeres, Gómez Campos, era entrar a un callejón sin salida, donde la respuesta final era hacer referencia a la muerte del padre como una manera camuflada de negar su intención de hablar al respecto. Maureen, la cuarta generación, era la única que se daba el permiso de sacar a la luz la poca información que tenía de su progenitor. Recordaba cuando una tía materna la llevó a la casa de su padre para que este tuviera contacto con ella y este optó por darse a la fuga, pensando que era perseguido por las autoridades del estado responsable de las pensiones alimentarias. Traía a la memoria ese recuerdo con una risa nerviosa que, años más tarde, combinó con un poco de nostalgia al intentar localizar a su padre biológico y darse cuenta de que había fallecido años atrás en la misma casa de la que una vez escapó por temor a ser denunciado.

En algunos casos, el abuelo materno cumplió el rol de padre. En medio de la pobreza que acarreaba una familia cada vez más numerosa, este hombre se preocupaba por llevar el alimento a la mesa y brindar algo de amor y cuidado. Cuando escuché esta historia en una sesión de lo que últimamente se ha llamado «Constelaciones familiares» no pude dejar de imaginar las circunstancias tan difíciles en las que estas mujeres se convirtieron en madres.

Leoncia fue madre por allá de 1900, mientras que Dora, apenas 20 años después; Norma, a inicios de los 70, y Maureen, empezando el nuevo siglo. A excepción de la última de las Gómez Campos, estoy segura de que todas debieron pasar por el escarnio del pueblo que las tachaba de «fáciles» o, en el mejor de los casos, las colocaba en el lugar de las «pobrecitas».

Al igual que ellas, muchas mujeres siguen dando a luz en hospitales donde el personal de enfermería y salud comete lo que ya se ha normado como violencia obstétrica, en la que se humilla, ridiculiza y, en algunos casos, se ejerce agresión física hacia las mujeres en condición de embarazo o cuando estas recién dan a luz. Comentarios como: *«¡Cuando lo estabas haciendo no gritabas!». «¡Ahora sí vas a ver lo que es bueno!». «¡Aguante mamita!».*

Para hacer la historia más indignante, el cuerpo femenino era invadido por personal médico y estudiantil, que lo utilizaban como laboratorio, sin contar con el consentimiento de la mujer que, en medio del dolor y la vergüenza, quizá no atinaba a manifestar su disconformidad. Afortunadamente, las historias de madres recientes me confirman que el nivel de conciencia, tanto en mujeres como en el personal médico, ha incrementado.

Ninguna mujer de la estirpe Gómez Campos fue capaz de manifestar quién fue el hombre que participó en el acto sexual en el cual quedaron embarazadas, mucho menos se atrevieron a decir si fueron madres que desearon serlo o si se vieron presionadas a serlo.

Las mujeres que se han convertido en madres, sean cuales fueran las circunstancias, acarrean con un cúmulo de culpas y remordimientos cuando revelan que, si lo fueron, no quieren volver a serlo o cuando mencionan que, si volvieran atrás, hubieran decidido no serlo. Aún hoy, arrepentirse o renegar de la maternidad sigue siendo una prohibición y tenemos nuestra escucha tan poco entrenada para esto, que oírlo nos genera mucho ruido.

Estar para los demás, sacrificarse a sí misma, comer de último, pensar en la salud y el bienestar de los demás antes que el propio y relegar el deseo personal por el ajeno, son algunas de las formas en que se califica a una mujer como *«Buena madre»*. Quienes se alejen de este ideal son señaladas con uno de los peores calificativos de nuestra sociedad: *«¡Mala madre!»*.

Para aquellas que han decidido tener un trabajo remunerado fuera del hogar, la experiencia de no estar siempre presentes, no tener tiempo para servir la mesa o no presenciar momentos en la vida de sus hijos e hijas, es padecida con un gran sentimiento de culpa. Esta falta de equilibrio en la corresponsabilidad parental es uno de los principales inconvenientes para que las mujeres puedan ascender en la estructura organizacional de una empresa, es decir, para que puedan acceder a posiciones de mayor nivel y, por ende, con mejores condiciones económicas.

Un amigo matemático solía decir que *«La cantidad de hijos es inversamente proporcional a la cantidad de riqueza acumulada»*. No tengo una teoría que lo compruebe, pero en el caso de las mujeres sí podría agregar que la cantidad de horas dedicadas a las labores de cuidado del hogar y a personas dependientes es inversamente proporcional a la cantidad de tiempo para sí misma. Sobre el tema de corresponsabilidad en el cuido del hogar hablaré en otro capítulo.

Si ser madre acarrea un sinfín de demandas sociales, no serlo nunca o no serlo más, es también una barrera a enfrentar. En la Costa Rica de los años 80, para que una mujer optara por la esterilización debía contar con una carta por escrito de su esposo. Me asombra saber que hoy, más de 40 años después, la decisión de la esterilización de la mujer sigue estando en manos de una persona externa, en este caso del profesional en medicina.

Quienes hemos decidido no ser madres vivimos otra realidad. Somos vistas como seres a los que nos hace falta algo, quienes nunca tendremos algo que la gente llama *«¡La mayor felicidad del mundo!»*. Egoístas, egocéntricas e incompletas, son algunos de los adjetivos que nos asignan cuando manifestamos nuestro abierto deseo de no ser madres.

Ir a la consulta ginecológica es, algunas veces, un cuestionamiento sobre el deseo de no parir. Algunas veces, incluso, se sigue insistiendo en que la maternidad aún es posible, aun cuando se sobrepasan las cuatro décadas y hay factores de riesgos físicos asociados al embarazo. En mi última consulta, la persona encargada de confirmar la cita me envió una imagen de una mujer con un bebé recién nacido, lo cual me provocó algo de enojo. En primer lugar, porque me incluía dentro de un grupo al que he decidido no pertenecer y, en segundo lugar, porque me dolía que una mujer que desee ser madre y no pueda, recibiera tal confirmación de su cita.

En otra ocasión, una empresa me invitó a dar una charla en el marco del 8 de marzo, Día Internacional de la Mujer, en la cual el diseño gráfico se enfocó en una madre y su hija, reforzando que el único lugar posible para la mujer es la maternidad y desde ahí, es donde es nombrada y reconocida.

Por el lado de las buenas intenciones, nos encontramos con personas que al escuchar nuestro deseo de no maternar, usan frases como: *«¡Es que no te ha llegado la persona adecuada!»*. *«¡Todavía estás muy joven, cambiarás de opinión!»*. Cuando yo era más joven, me detenía a explicar mi punto de vista y cuestionar esas frases, pero, con el tiempo, me cansé un poco y opté por brindar una sonrisa de agradecimiento por la buena intención.

He escuchado a algunas mujeres que han decidido no ser madres dar explicaciones de su decisión. Algunas han argumentado ampliamente y otras han optado por respuestas más simples como: *«¡Simplemente, no quiero!»*. *«Valoro mi libertad más que cualquier cosa y traer a alguien a este mundo que depende de mí, es coartar mi libertad»*. *«Quiero dormir todo el día sin que nadie me moleste»*. *«Me encanta viajar y quiero vivir donde yo quiera»*. Otra respuesta más simple aún fue: *«Que me *preguntes por qué no quiero ser madre es como que me preguntes por qué no me gusta el aguacate. ¡No lo sé! Simplemente, no me gusta».* Respuestas escuetas, pero totalmente válidas.

Las mujeres no somos las únicas castigadas por decidir no ser madres. Los hombres que han decidido no ser padres son cuestionados ampliamente desde la masculinidad predominante, donde no solo se pone en tela de juicio su virilidad sino, unido a esta, su heterosexualidad.

No me son ajenas las consecuencias que la disminución en la tasa de fecundidad está teniendo a nivel mundial, sobre todo porque las personas cada vez vivimos más, pero nos reproducimos menos, pero es momento de cuestionarnos por qué las mujeres deciden no ser madres, de dónde viene esa decisión y en qué mecanismos de socialización se sustenta.

Quizá, si hay progenitores con una profunda convicción de la responsabilidad compartida que implica criar y brindar los recursos económicos y emocionales para que las personas crezcan en espacios seguros, la maternidad sería vivida con menos culpa y sin tanto sacrificio. La corresponsabilidad parental es un rol que solo puede ser ejercido desde la asunción de la adultez como lugar para cuidar, proteger, sostener y hacer crecer.

Sí, es posible crear parejas, familias y empresas con más igualdad. Mi historia y la de uno de mis hermanos, es prueba de ello. He tenido el atrevimiento (ojalá me lo puedan perdonar) de aludir el cuento de Julio Cortázar, *Casa Tomada*, como mi inspiración para el siguiente capítulo, el cual lo escribo con risa y llanto por recordar a alguien que ya no está en este espacio de lo terrenal.

Diccionario de bolsillo

• **Labores de cuidado**: Tiene que ver con las tareas del hogar y de las personas dependientes, que pueden ser niños, niñas, personas adultas mayores o en condición de discapacidad.

• **Socialización:** Proceso a través del cual se incorporan comportamientos, ideas, normas y formas de pensar, las cuales están permeadas por la cultura en que se desenvuelven las personas.

• **Violencia obstétrica:** Aquella que se da hacia la mujer en condición de embarazo o en labor de parto. Propongo ajustar el vocablo como *violencia ginecobstétrica*, ya que la misma puede manifestarse en mujeres no embarazadas durante su proceso de consulta ginecológica.

Capítulo 5

«La mujer que se sacrifica por amor no lo hace en el vacío: lo hace en un contexto en el cual —aparentemente— el amor es el único camino posible que tiene hacia una vida con sentido, hacia la trascendencia».

—**Tamara Tenembaum
El fin del amor**

Curridabat

La Casa Tomada

Los patrones de crianza de nuestra sociedad nos han enseñado que las mujeres somos responsables de las labores domésticas y que los hombres, en el mejor de los casos, son buenos porque colaboran. Así escuchamos frases como: *«Mi esposo es muy bueno, siempre colabora en la casa»*. *«Tengo un marido ejemplar, me ayuda mucho con los niños»*. *«Él no molesta, él se cocina solo»*. El uso del verbo colaborar o ayudar implica aceptar que su involucramiento es optativo, cuando debería ser una participación equilibrada para la convivencia, cualquiera sea el vínculo.

Durante el tiempo que compartimos la *Casa Tomada*, la de mi hermano y yo, ha sido quizá el vínculo más paritario que he experimentado en mi vida, principalmente, porque nos repartíamos las labores del hogar sin pensar en la división de las tareas que tradicionalmente nos habían enseñado en nuestra familia.

Mi hermano siempre decía que debí haberme llamado Independencia, Pancha Carrasco o Pacífica Fernández, porque nací un 15 de septiembre, Día de la Independencia de Centroamérica. Pensándolo bien, me hubiera gustado llamarme Paz Libertad. El reconocimiento de mi soberanía ha sido siempre uno de los mayores méritos que le concedo a mi hermano, sobre todo tomando en cuenta que era el mayor y que tenía el designio social de protegerme.

Mi mamá recuerda los dolores de parto que pasó desde el 14 de septiembre hasta las 11:56 p.m. del 15 de septiembre de 1979. Literalmente, fueron bombos y platillos. La primera mujer, el sueño de mi papá después de dos hijos varones. Mi mamá, feliz también porque pensó que ese sería su último parto, pero la vida nos sorprendió a todos con otro hermano, el hombre que me ha dado el regalo más preciado que tengo, mi sobrino Santiago, que nació en septiembre, igual que yo.

El día de mi cumpleaños me hace muy feliz, lo celebro todo el mes, pero, oficialmente, empieza a las 6 p.m. la noche del 14 de septiembre, con el Himno Nacional y la Patriótica Costarricense.

De niña participaba en todos los actos cívicos con la vocación que tuvo Juan Santamaría y Juanito Mora. Me encantaba lucir los trajes típicos, aunque nunca aprendí a bailar. En un acto de rebeldía, no propio de la época, portaba el estandarte con la elegancia de un soldado.

Crecí en el campo, donde apropiarse de cuanta fruta hubiera en la finca de los vecinos, no era robar, simplemente la comida estaba ahí para ser disfrutada: mangos, piñas, jocotes, naranjas, mandarinas, limones dulces y nances conformaban un espectáculo de sabor y color que no he podido volver a recrear ni en las mejores ferias del agricultor.

En medio de una familia de hombres fui la primera de la casa en dejar el abrigo de las finanzas de mi padre y buscar casa propia. Fui criada como una igual y lo único que una vez reclamé a mi padre fue que nunca me enseñara a conducir un carro, a lo que él respondió: *«Yo nunca le enseñé a sus hermanos, ellos aprendieron solos»*. Esa frase fue poco creíble para mí, por lo que volví el reclamo a mis hermanos, que lo que hicieron fue confirmar la historia de mi padre.

Una mujer es otra antes y después de aprender a manejar, así que hice lo que cualquier mujer a mi edad hubiera hecho: pagar una academia. Aprendí a manejar «carros de verdad» como dice mi padre, haciendo referencia a la conducción manual y no automática. Lo único que heredé de las habilidades mecánicas de mi padre y su oficio, fue el amor por los motores. Puedo distinguir un modelo de otro, calcular su motor, su cilindraje, su consumo de combustible y entiendo cuando te dicen es un 4X2 o es un 4x4.

A mis 15 años mi madre organizó mi fiesta de quinceañera, con vestido y mariachi, contrariando mis intereses de gastarme el millón de colones en un viaje a Cancún. Mi papá, sabio y directo como hasta hoy, me tomó de la mano y me dijo: *«Mi chiquita, deje que haga la fiesta, quizá sea la única vez que te vea luciendo un vestido largo y entrando a una iglesia»*. Aún recuerdo esa frase profética como si fuera ayer, han pasado casi treinta años desde entonces y el vestirme de blanco o de color pastel para entrar a una iglesia nunca estuvo en mis planes.

Recién de quinceañera descubrí la libertad, no la mía, la de otra. Yolanda, así se llamaba la mujer que me presentó con la psicología. Dejé el colegio científico, la química y la matemática para adentrarme en Freud y en las Crónicas de una Muerte Anunciada, Años de Soledad y Amores en Tiempos del Cólera.

Como siempre, mi papá, sabio en sus palabras, y mi madre, preocupada en exceso, escucharon mi incipiente idea de convertirme en terapeuta. Nunca supe lo que fue tener un paciente frente a mí, porque el psicoanálisis solo me interesó con fines interpretativos y literarios. Interpreto gratis a otros y a mí misma. Venero al psicoanálisis casi como a la maternidad, por eso no me meto con ninguno de los dos.

A mis 17 años entré a la Universidad. La mayor parte del tiempo me protegió mi hermano mayor en la casa que había sido de mis abuelos paternos. Nuestros vecinos cuentan que mis abuelos siempre fueron buenas personas. Mi abuelo, con su colección de sombreros grises, negros y marrones que le daban un aire de «hombre importante», recién llegado de Europa, se encontró con mi abuela, que no tenía nada que envidiarles a las actrices de la época de gloria del cine mexicano, con su cabello ondulado y su maquillaje discreto y elegante.

Efraín y Tina llegaron a principios de 1974, cuando mi mamá, quinceañera aún, ignoraba la presencia de un óvulo fecundado en su cuerpo. Mi papá, ignorante también de tal hazaña, trataba de ganarse la vida como ayudante de mecánico para construir una relación con mi madre, la cual, mi abuelo materno, rechazaba. Así que mi hermano comenzó a habitar la casa desde el 24 de diciembre de 1974 y yo el 15 de septiembre, apenas cinco años después.

Mi hermano se apropió de la casa a principios de los años 90 y yo, un poco más tarde, ya casi dándole la bienvenida al nuevo siglo. Disfrutábamos ampliamente los olores de la casa, la quietud que nos traían los recuerdos de los abuelos y la felicidad de recordar cuando todos los primos nos reuníamos en la casa para dar la bienvenida al año nuevo. *«¡Tanto que duré cocinando y ya se acabó toda la comida!»*, decía mi abuela. No sé a mi hermano, pero a mí nunca me quedó claro si eso era una señal de felicidad, porque la comida había sido bien recibida por los comensales o una queja, por la malacrianza de haberse acabado todo en cuestión de minutos.

Del jardín de mi abuela no quedaban sino los buenos recuerdos y una que otra mala hierba que mi hermano insistentemente trataba de erradicar. Las paredes aún sufrían de una humedad incontrolable que exacerbaba mis alergias y mi enojo cuando encontraba mis zapatos y carteras con moho.

La paz, la de la casa y la de mi hermano, siempre fueron mi refugio. Estar ahí era como protegerse del mundo en una relación, que cualquiera pudo haber imaginado, era la de una de esas parejas que después de tantos años no les queda más que ser amigos.

Mi cuarto, dividido del de mi hermano por un recibidor, era testigo de las risas, a veces no muy discretas, de mi hermano, quien disfrutaba de programas malos de televisión, de los cuales ahora cualquier adolescente se burlaría. Yo, en mi exploración de relaciones ocasionales, que nunca llegaron ni siquiera a un plan de construir un futuro juntos, prefería refugiarme en el chat de un extinto mensajero y en los textos virtuales que mi hermano disimulaba no escuchar.

Admiraba la paciencia de mi hermano para hacer los ruedos de pantalones de vestir que requería para su oficina: los medía con otros que le quedaban bien, los marcaba con un lapicero, los cortaba y luego cosía. La tarea terminaba cuando les pasaba un pañuelo (para no sacarle brillo, decía) y con el vapor de la plancha, los dejaba listos para usar. En un lugar que nunca descubrí, guardaba los pequeños botones que se caían de las camisas formales que debía usar en el trabajo. Las labores de guardar, coser y cortar me parecen, hasta el día de hoy, admirables, yo nunca tuve esa paciencia. En cambio, yo me consumía en la lectura y podía pasar ahí horas de horas, entre sueño y realismo mágico.

Durante una ausencia prolongada de los dos, la vieja casa construida sobre un alcantarillado atrajo roedores quienes, en épocas anteriores, eran espantados por mi abuela con una escoba más grande que ella. No miento cuando digo que era más grande que ella, tanto así que recuerdo cómo mi abuelo la acompañaba a una tienda llamada Zapatitos, en la Avenida Central, por la Plaza de la Cultura. De niña, anhelaba que mi abuela me regalara sus zapatos rojos de charol, con un lacito al frente.

Entre las rutinas incansables de mi hermano, estaba el café con pan. Caminaba con una paciencia que envidiaría una tortuga, con su pan en bolsa de papel y con la punta de la baguette ya pellizcada. Siempre me pareció eso, la mayor falta de respeto hacia quienes esperábamos por el pan, más nunca se lo dije.

El agua fría fue siempre otro de sus comportamientos necios, insistía en que era bueno para el cabello y para la piel. «¡Bañarse con agua caliente, es cómo no bañarse!», decía cuando escuchaba mis alegatos para que pusieran agua caliente. *«¡No entiendo cómo las viejas no se lavan el cabello todos los días!»*. Esas frases ya nos las sabíamos de memoria, pero realmente creo que ambos disfrutábamos con la repetición.

Han pasado casi 48 años desde que mi hermano habitó la casa por primera vez, aún la sigue frecuentando, dice que es una reliquia familiar de la cual no quiere deshacerse. Los vecinos dicen que mi hermano y yo somos buenas personas. De él, nunca tuve duda.

De él aprendí que sí es posible tener relaciones de convivencia en condición de igualdad y que podemos deshacernos de la falsa creencia de que las mujeres somos mejores para los quehaceres del hogar y los hombres no deben meterse ni con la cocina ni con la plancha y menos con los pañales.

La desigualdad entre las horas que las mujeres dedican al cuidado del hogar, versus el tiempo que pasan los hombres en ella, es abismal. Se estima que las mujeres dedican más de 36 horas semanales a las labores domésticas y de cuidado de personas dependientes, mientras que en los hombres esta cifra llega a 7,5 horas por semana. Estoy segura de que un varón desempleado todavía pasa menos horas dedicado a tareas del cuidado que una mujer que tiene un trabajo remunerado a tiempo completo.

Trabajar en relaciones más igualitarias implica aceptar la responsabilidad de compartir un espacio y una relación, donde cada miembro de la familia participa en mantener el sistema funcionando, desde vínculos sanos, respetuosos y empáticos.

Diccionario de bolsillo

• **Igualdad:** Trato que se le debe brindar a las personas sin mediar condición de género, edad, raza o cualquier otro factor.

• **Relación paritaria:** La que se da entre dos o más personas donde hay igualdad en los deberes y derechos.

Capítulo 6

«Niña, yo te deseo la locura, el valor, los anhelos, la impaciencia. Te deseo la fortuna de los amores y el delirio de la soledad. Te deseo el gusto por los cometas, por el agua y los hombres. Te deseo la inteligencia y el ingenio. Te deseo una mirada curiosa, una nariz con memoria, una boca que sonría y maldiga con precisión divina, unas piernas que no envejezcan, un llanto que te devuelva la entereza».

—Angeles Mastretta
Mal de Amores

Puerto Escondido

Vidas paralelas

La violencia de género se vive en todas partes, no importa la clase social de donde provengamos; sin embargo, está claro que hay condiciones que pueden ser un factor de riesgo mayor. La pobreza, rezagos educativos, acceso a servicios de educación y salud, así como conductas de acoso y violencia aceptadas como normales, fueron factores de riesgo que propiciaron que muchas niñas de mi pueblo y yo experimentáramos episodios de violencia que hoy quiero contarles. Es posible que la mayoría de mujeres se sienta identificada con los relatos que cuento en este libro, que levante la mano aquella que no ha sido víctima de acoso callejero o de la opinión no solicitada respecto a su cuerpo.

Nací en Puerto Escondido, pero crecí con algunos privilegios. Desde niña tuve acceso a los libros. La Biblia fue quizás uno de los primeros que pasaron por mis manos. Me encantaba entender el contexto en el que fueron escritos. De mi profesora de español, recuerdo mi afición por los movimientos literarios y, aunque el costumbrismo nunca ha sido uno de mis favoritos, escribir de Puerto Escondido podría pasar por *Realismo Mágico*, pero no, es costumbrismo puro.

El Macondo de Cien Años de Soledad, bien podría considerarse una copia de Puerto Escondido, excepto por las flores amarillas. Recuerdo las lluvias interminables durante mi niñez, mis primas y yo aprovechábamos los arroyos que los fuertes aguaceros improvisaban en los caños que dividían los lotes. Sentábamos nuestras barbies pirata en la parte del racimo de plátano que tenía forma de bote de madera, para que la corriente las arrastrara. Así, iniciaba una competencia excitante que combinaba con nuestros pies descalzos llenos de barro. La felicidad era muy simple en ese entonces.

En el pueblo donde crecí todo el vecindario conoce sobre cuántas parejas, oficiales o no, ha tenido cada quien, cuánto debe en el banco uno de los vecinos y si alguno se puso la misma ropa que el domingo pasado para ir a la iglesia. El trauma de crecer en un lugar así hizo que ya de adulta llegue a tener más de 7 años viviendo en un condominio en el que la gente conoce el nombre de mis perros, pero no el mío. Ingreso por el puesto de seguridad con mi *Quick Pass* y solo saludo al guardia si no vengo mandando un mensaje por *WhatsApp*, hablando por teléfono o bien, si tengo que agradecerle por haber recibido al *UberEats* que llegó antes de lo que yo tenía calculado. Me gusta ese anonimato que me da la ciudad-pueblo en el que vivo, que más parece el barrio de *Truman Show*, que un conjunto de familias que se disponen a vivir en un mismo espacio, preservando la seguridad y el ornato.

En Puerto Escondido no había dónde esconderse, donde fuera que una estuviese, se convertía en objeto de los comentarios de la gente que consideraba que, por conocer el nombre de tu papá, mamá y hermanos, tenía permiso de opinar sobre ti como si fuera igual a dar un comentario sobre las noticias del meridiano. El cuerpo y la vida de las mujeres de este puerto se convertía en un pasatiempo para todo el mundo, en el que se invertían horas de horas sin remordimiento alguno. «¿Ya viste *que la hija de Rafa, ya es una señorita?». «¿Te diste cuenta de que parece que la esposa de Ezequiel le dio por la jupa?». «¿Cómo así que a La China le vino la regla, si apenas tiene 10 años?». «¿Y ya llamaron al Patronato Nacional de la Infancia?».*

Esta última era una pregunta que todo mundo se hacía al saber que el padre biológico violó a su propia hija, pero nunca nadie dijo ni hizo nada cuando esto le sucedió a mi compañerita de la escuela, excepto convertirla en la pobrecita del barrio. Un día no volvimos a saber nada de ella, la madre encargó a su niña de 11 años a alguien, nunca supe con certeza a quién. Un lunes regresó vestida con un hábito café de alguna orden religiosa que nunca he terminado de entender cómo funciona. Un color café horrible, que entristecía y opacaba su tímida y amplia sonrisa. Me sigo preguntando si ella tenía conciencia del porqué de su vestido diario, del porqué no podía lucir sus shorts y camisetas en un clima que llegaba a los 30 grados centígrados con una humedad que hoy sigo detestando. Aún hoy, su partida y la forma en que regresó me sigue doliendo. Se me hace un hueco en el estómago y siento que mi cuerpo cruje.

Esa frecuente exposición al escarnio público también se evidenciaba en los apodos que usaban, al menos el 70% de las personas que habitan el pueblo, tiene uno. Tengo más años viviendo fuera de Puerto Escondido que los que estuve allí. Para ser exacta, 25 años, por lo que cuando alguien en mi familia intenta contarme algo, empieza relatándome el árbol genealógico de esa persona: «Es aquel, el hijo de *Gallo de Carne*, que está casado con la hija de *Piapio*, el vecino de *Muri Seco*. Aquel que fue novio de *La Pupusa*, la hija de Mata Sapos». Al final, me doy por vencida acertando a decir: «*¡No me acuerdo!*». El chisme queda en nada, mi familiar termina por perderme la paciencia y yo, de alguna forma, me siento orgullosa de eso.

Caminar al colegio o a la iglesia implicaba usar unas chancletas y luego ponerse los zapatos de vestir al llegar al centro. La vergüenza se apoderó de mí varias veces cuando me topaba al pueblerino de turno que me atraía y me veía en ese intercambio nada glamuroso. Por eso, hoy creo que poder usar tacones muy altos y pagar el *valet parking* para no caminar es uno de los pequeños grandes placeres que me ha dado la vida, mientras me sostengo la falda para que el viento no me juegue una mala pasada al bajarme del auto. El gusto por los tacones y los bolsos es una de las mejores herencias que me ha dejado mi madre, sobre todo considerando mis 156 centímetros de estatura. Me enseñó a usarlos y a caminar derechito, algo de lo que siempre le estaré agradecida. Cuando uso mis tacones, me veo muchas veces en el espejo y camino por las oficinas, los pasillos, los restaurantes y las salas de teatro, como quien se sabe bella. La gente me reconoce por mis tacones y eso es otra de las cosas de las que me siento orgullosa.

Crecer en Puerto Escondido no fue lo que una feminista junior esperaba. La erotización del cuerpo de las niñas era como un pasatiempo para el pueblo. Una vez que la menstruación aparecía y la naturaleza hacía lo suyo, el cuerpo femenino pasaba a ser objeto de opinión pública. El acoso callejero aparecía como una condición insoslayable: «*¡Qué rica mami!*». «*¡Está como me la recetó el doctor!*». «*¡Está para chuparla toda!*». Los menos atrevidos alcanzaban a decir: «*¡Ya se le puede decir suegro a su papá!*».

Mentiría al decir que en esos años entendía estas actitudes como violencia. Es más, es posible que muchas mujeres hayamos escuchado estas frases como un halago, ya que esto implicaba cumplir con las expectativas de belleza que nos han inculcado desde niñas. Recibir este tipo de comentarios de parte de los hombres era formar parte de un selecto grupo de cuerpos femeninos que eran aceptados por la normativa de belleza de la que somos presa.

Es lamentable que muchos países hayamos tenido que recurrir a la ley para frenar este tipo de conductas, porque lo mejor hubiera sido que las mismas desaparecieran porque nos dimos cuenta de que, aunque han prevalecido por años, son inapropiadas. La normativa legal entra cuando la sociedad no puede con ella misma y entonces es necesario crear una regulación.

Las llamadas ***leyes contra el acoso sexual callejero***, existentes en algunos países, son de reciente data. En Costa Rica no fue sino hasta el año 2020 que fue publicada de manera oficial y, como cualquier tema donde la violencia de género es la protagonista, existen muchos medios para tergiversar la información y donde, tristemente, se sigue culpando a la mujer por el tipo de cuerpo que la naturaleza le dio, por la ropa que lleva puesta y por el lugar por donde decidió o necesitaba transitar.

El acoso callejero es una de las manifestaciones de violencia de género socialmente más aceptada, que incluso puede conducir a episodios más violentos, como la muerte. ¿Cómo se interpreta el femicidio desde la teoría de género? ¿Qué diferencia existe entre este tipo de delito y otros asesinatos?

Si eres una persona que alguna ocasión ha dicho: «*¡Pero a los hombres también los matan!*». Es posible que tengas razón, pero estoy absolutamente convencida de que no los matan por el simple hecho de ser hombres. En los dos próximos capítulos haré mi interpretación de dos de los femicidios más lamentables que mi país ha experimentado en los últimos años. Acompáñame y entérate más sobre estos hechos y lo que podemos aprender de los mismos.

Diccionario de Bolsillo

• **Acoso callejero:** Conducta con connotación sexual que se ejerce en lugares públicos y de manera unidireccional, en la cual no media la aceptación de la persona a la que está dirigida, por lo que puede generar incomodidad, vergüenza, humillación o inseguridad. Incluye gestos, palabras, sonidos o incluso contacto físico.

• **Abuso Sexual:** Cualquier tipo de violencia sexual que se ejerza sin consentimiento o que atente contra el bienestar sexual de una persona. Puede implicar desde: coerción, acercamientos no deseados, hasta la violación. Hay comportamientos como el acoso callejero o la violencia sexual cibernética que, si bien es cierto, en algunos países no está tipificada como delito, forman parte de la violencia sexual.

• **Erotización:** Desde una perspectiva de violencia, implica sexualizar comportamientos en una persona menor de edad y/o en condición de vulnerabilidad. Usualmente, se utiliza para referirse a la adjudicación de conductas, opiniones y tratos que se dan a una persona sin que esta se encuentre preparada psicológica ni emocionalmente para manejarlo.

• **Feminista:** Persona que promueve el feminismo, el cual es un movimiento político, social e histórico que considera la igualdad entre las personas sin importar su género. Algunas personas consideran que solo las mujeres pueden ser nombradas feministas, ya que son el «sujeto» del movimiento. Para los hombres se usa el término «aliado».

# Capítulo 7

«Si en el genocidio la construcción retórica del odio al otro conduce la acción de su eliminación, en el feminicidio la misoginia por detrás del acto es un sentimiento más próximo al de los cazadores por su trofeo: se parece al desprecio por su vida o a la convicción de que el único valor de esa vida radica en su disponibilidad para la apropiación».

—**Rita Segato**
La escritura en el cuerpo de las mujeres asesinadas en Ciudad Juárez

Orosi

Mi brazo en tus manos

Era 2020, y antes de que las noticias sobre el COVID invadieran los medios, hubo un caso de femicidio que acaparó los titulares de toda Costa Rica. Escudriñar en los detalles de este caso ha sido uno de los episodios más dolorosos de la escritura de este libro, porque la distancia del lugar donde se dieron los hechos con el sitio en el que decidí construir mi hogar, es muy corta.

Mi Cartago amado tiene un pueblo llamado Orosi, se dice que fue uno de los primeros asentamientos coloniales y, parece ser, que la iglesia del centro del pueblo es testigo de ello. No tengo idea de qué significa su nombre, pero si sufriera de mitomanía, diría que estudié Historia y que significa: «Lugar de Paz, rodeado de montañas». Eso es Orosi o quizá lo fue, hasta el 4 de marzo de 2020.

Recordaré ese día por dos cosas: la primera, por ser la fecha en que se hizo evidente a nivel mundial que el COVID sí existía y que había llegado a Costa Rica. La segunda de ellas, porque Allison desapareció.

Un domingo 8 de marzo, Día Internacional de las Mujeres, me acerqué al pueblo, ya que muchas personas, con el fin de manifestar solidaridad y ayudar con los esfuerzos de búsqueda, se habían acercado al lugar. A pesar de lo pequeño que es Orosi, no tenía mucho conocimiento de la zona, por lo que opté por consultar a un lugareño dónde se realizaría la marcha, a lo que contestó que no sabía, pero me dijo que conocía dónde vivía la familia de Allison. Me comentó: «*Esa chiquilla es súper buena gente, es así menudita (haciendo señal con la mano, calculando la estatura), rubiecita, toda bonita*». Como me enseñaron a ser educada con los mayores, agradecí las indicaciones, pero me quedé pensando en varias cosas. La primera de ellas fue: «¿Qué significa "*ser buena gente*" cuando se hace referencia a una mujer?». Lo segundo: «¿Qué hay de fondo cuando decimos que una chica es "*toda bonita*"?».

Al mismo tiempo que conducía hacia el lugar, iba observando por la ventana la belleza del lugar, me costaba creer lo que había pasado ahí y cómo fue posible que una chica no hubiera podido regresar a casa sana y salva después de su colegio. Me daba pavor pensar en lo peor, me revolvía el estómago imaginar que alguien pudo haberle hecho daño y tenía un dolor clavado entre el corazón y el estómago.

¿Qué pasó esa noche con Allison? Los medios empezaron a hacer de este caso uno de los más sonados en los últimos años. No solo se limitaron a describir el hecho en sí mismo, sino que aprovecharon para contar hasta el último detalle de cómo era ella, la familia, su novio y no escatimaron en la publicación de fotografías disponibles en redes sociales. Me costó mucho entender qué tenía de especial este caso en comparación con otras desapariciones de chicas. Quizás el hecho de que fuera la «*Chiquita bonita y buena gente*» de un pueblo «*Tranquilo y buena gente*», tuvo mucho que ver. Es decir, si la chiquita era «*una loca*» en un pueblo de «*gente chusma*», quizá lo hubiésemos entendido como algo «normal» y «esperable». Pero indagando un poco más, la atención de todo un país, en un caso que, lamentablemente, es más común de lo que creemos, empezó a cobrar sentido.

Tampoco hay que dejar de lado la preocupante insistencia de la madre, exigiendo a las autoridades una respuesta. ¿Quién no lo haría? No solo a las autoridades, sino al dios y la Virgen de los Ángeles, en la que tanto creen los cartagineses. En este caso, digno de una serie de Netflix o de Investigation Discovery, no hubo quien estuviera a salvo de las huestes de una sociedad machista. Claro está, la principal víctima era ella, Allison, su familia. Y con ella, todas nosotras, pero también hubo miles de personas que culparon al novio por no haberla acompañado el trayecto de su colegio a la casa, en el cual fue raptada, como si las parejas existieran en nuestra vida para ser nuestros guardianes. Esa es una demanda que se le hace a los hombres desde la masculinidad hegemónica, quien no cumpla con la demanda de cuidar a la mujer, será mancillado.

Las redes sociales se llenaron de cientos de miles de mensajes en los que no faltaba quien dijera que la chica se había ido con otro hombre, con lo que su novio, su familia y quienes la buscaban quedarían en el ridículo, que era una loca más que iba a aparecer dos días después y, en peor de los casos, «preñada». Hubo quienes exigían que situaciones como estas, en las que la chica desaparecía por irse de «calenturienta» debía regularse, para hacerle pagar por haber exigido recursos del Estado para su búsqueda.

Otras personas mostraban su solidaridad con mensajes cargados de buenas intenciones, mientras que hubo alguien, un hombre que, como decía mi abuela, «por hacer una gracia, hizo un sapo»: creó un hashtag que se hizo tendencia en el país: #Nacíparacuidarlasnoparamatarlas. Una lectura rápida de este mensaje parecería dar cuenta de un acto consciente de solidaridad con el género femenino, pero no lo es. Tampoco lo es para el masculino. Este mensaje es un reforzamiento de que las mujeres somos seres frágiles, dependientes siempre del cuidado de un hombre, quien nos debe acompañar y proteger. Quien falte a ese mandato, no es un hombre de verdad.

La prensa fue y sigue siendo un reflejo claro de los estereotipos de la sociedad machista y misógina en la que vivimos, lo cual es realmente lamentable. Periodistas, hombres y mujeres, sin consciencia de clase y mucho menos de género, se encargaron durante meses de seguir reproduciendo un mensaje que culpabiliza a todas las personas, menos a quienes agreden. Culpa de Allison por no hacerse acompañar a la salida del colegio, culpa del novio por no acompañarla, culpa de la madre (nunca del padre) por tenerla en el colegio de noche y no de día, culpa de la municipalidad por no tener un buen alumbrado público, culpa de la empresa de transporte por no tener autobuses que cubran esa franja horaria, culpa de Uber por no tener cobertura en la zona, culpa de quienes alquilan las casas a familias migrantes de dudosa reputación, que solo vienen al país a hacer daño, culpa de la pobreza y la falta de educación y respeto por la labor docente, culpa de los padres por no inculcar valores en la niñez, culpa de quienes vieron algo y no avisaron a las autoridades, culpa de la policía por no estar en el lugar indicado a la hora adecuada. Solamente faltó que culparan a Allison por andar en minifalda y haberse tomado unos tragos a la salida del cole. Si esto último hubiera sido cierto, ella hubiera sido la principal culpable, nunca la víctima.

Las hipótesis proliferaron casi a la misma velocidad que los posts en redes sociales. Una de las que tomó más fuerza era que Allison estaba siendo víctima de trata de personas y que se encontraba en un lugar siendo explotada sexualmente. Esto lo corroboré con su abuela, a quien tuve la oportunidad de conocer en su misma casa. Recuerdo ese día como uno de los más dolorosos de mi vida, el pueblo estaba repleto de fotos de Allison, su casa era un altar de flores, velas y fotografías, los rostros de familiares y personas cercanas eran evidencia de largas noches de insomnio y lágrimas. Los ojos abotagados de tanto llanto no podían serme indiferentes. Quise decir algo, pronunciar al menos una palabra de solidaridad, pero no pude, sentía algo así como una piedra en la garganta, tuve que salir y tomar aire para poder despedirme con un gesto y un adiós mudo.

De camino a casa pensaba en mis privilegios. Uno de ellos el haber caminado a mi hogar después del colegio sin temor a ser agredida físicamente y, ya en mi vida adulta, poder conducir mi propio vehículo para ir donde me apeteciera. Sabiamente, le dije una vez a una amiga: «*Una mujer es otra, una vez que conduce su propio carro*». El conducir nuestro auto no nos libera de ser agredidas y maltratadas, pero minimiza algunos riesgos. Principalmente, lo entiendo como una señal de libertad, al menos así lo experimento yo.

No entraré en detalles sobre lo que sucedió con el cuerpo de Allison, la prensa ya fue demasiado explícita al respecto; sin embargo, parte de ella apareció meses después. Un caso más de femicidio del cual dan ganas de salir gritando a decir: ¡Basta! Una situación que provoca llorar hasta la desesperación y el cansancio. Un cuerpo mutilado y lanzado a la basura como un desecho que ni siquiera merece ser encontrado. No pude pronunciar siquiera una palabra hacia la abuela materna de Allison en ese momento, pero escribí algo en su memoria. ¡Descansa en paz!

Hoy levanto mi voz por las que lloramos juntas ante la lluvia incesante.

Por la que me sostiene el cabello y me acaricia con ternura,

por las que hablan en un café de la ciudad de los libros de autoayuda que no ayudan.

Por las que visten tacones que no les permiten correr para protegerse del aguacero

y por aquellas que se mojan sin importar su cabello.

Por las que podemos mostrarnos con la cara abierta al mundo

y por aquellas cuyo cuerpo fue mostrado sin querer.

Por las que miramos con amor a un hombre que nos ama

y por aquellas que no se atreven a mirar.

Hoy mis lágrimas corren

por el cuerpo maltratado,

por la desnudez descubierta,

por la vergüenza inventada,

por el caminar peligroso,

por la voz atemorizante,

por la persecución que no cesa.

Mis dedos no se cansan de temblar

por la confianza violada,

por los tiempos destrozados,

por las risas falsas,

por el compartir incierto,

por el temor inmenso.

Hoy siento, sufro, me invento, lucho, lloro, tiemblo.

El 2020 fue un año de muchas muertes, pero la de Allison y la de María Luisa fueron las que más me dolieron. Muchas cosas me conectan con las dos. Hablar de ellas y sus muertes, bien merecería un libro completo. Hay tanto que decir del femicidio, que dedicaré un capítulo más al tema y a María Luisa, con quien comparto mi sancarleñidad.

Capítulo 8

«¿Es acaso el femicidio, un peaje que se cobra a las mujeres por transitar los lugares públicos?».

—Autora desconocida

Manuel Antonio

Anestesia para mi dolor

Las historias de femicidios parecen no tener fin. Ciudad Juárez es un ejemplo de esta lista interminable de víctimas. Lo que sucede en esta ciudad es tan lamentable y multicausal que me declaro incompetente para entrar en este análisis. Lo que sí puedo afirmar es que existen mecanismos sociales que hacen que lo más nuestro que tenemos, nuestro cuerpo, sea tomado, violentado, descuartizado, mancillado, mutilado, mordido, quemado y, en algunos casos, desaparecido.

Esta es la historia de Manuel Antonio y María Luisa. Manuel Antonio es un pueblo enclavado en el Pacífico costarricense, uno de mis lugares favoritos para ir a la playa, y eso ya es mucho decir, considerando que no me gusta la playa. No sé si a María Luisa le gustaba o decidió ir ahí porque era uno de los pocos lugares con hoteles abiertos durante los peores meses de la pandemia.

Hubo algo que me conectó desde el inicio con ella y es que ambas nacimos en San Carlos, un pueblo al norte de Costa Rica, limítrofe con Nicaragua. Ella nació en un lugar más privilegiado que yo, pero, al fin y al cabo, ambas sancarleñas. También me conectaba con ella la soltería, la ausencia de la maternidad, la presencia de los viajes en soledad por decisión y el ser profesionales de la salud. Ella médica anestesióloga y yo psicóloga.

El crimen de María Luisa recibió la atención de los medios, no solo por el hecho de que uno de los supuestos agresores es una figura reconocida en la farándula costarricense, sino por el nivel de violencia misma que se detectó en la escena del crimen. Además, el caso venía a romper con un paradigma: «Las profesionales con un buen salario también pueden ser asesinadas».

Por otro lado, se dio un reforzamiento de otros mensajes arraigados en nuestra cultura y que hemos normalizado: «Los violadores son unos monstruos que deben ser castigados», «Los nicas son delincuentes peligrosos» o «Las mujeres no deben viajar solas». Pero, vamos por partes analizando cada uno de estos.

El femicidio, como uno de los crímenes más atroces a los que estamos expuestas las mujeres, en muchos casos es entendido como un «problema de clase», es decir, que solo les pasa a las mujeres en condición de pobreza, cuya pareja es un «alcohólico agresor». Si bien es cierto, la vulnerabilidad socioeconómica y la presencia de alcoholismo o drogadicción son factores de riesgo, no es cierto que solo en estas circunstancias se puede presentar un caso de muerte por el hecho de ser mujer. Hay una multicausalidad en el femicidio, pero la primera de ellas tiene que ver con un tema de poder, de creer que nuestros cuerpos son para el disfrute del otro y que, por ende, pueden ser usados, incluso al nivel de tomar nuestra vida misma.

Entender la violencia hacia la mujer, y específicamente el femicidio como una monstruosidad, es quitarle el carácter cercano a la agresión que es perpetrada diariamente, queramos o no verla. Decir que los asesinos son «bestias salvajes» asigna un carácter de falta de control de sus impulsos, eliminando la responsabilidad al adjudicar una razón natural instintiva al hombre «que no se puede controlar». Este carácter congénito de la falta de autocontrol está tan normalizado en nuestra sociedad que incluso es capaz de camuflarse con el concepto de amor romántico, que está tan arraigado en nuestras vidas.

La castración química, que aparece como opción (al menos en las redes sociales) ante casos de violación, es una forma camuflada y mojigata de quienes no quieren reconocer que la violencia se mantiene porque, en mayor o menor medida, todos y todas somos cómplices desde la acción o desde la omisión. La cadena perpetua o la máxima seguridad, si bien es cierto, puede ser un paliativo para la sociedad y, principalmente, para las víctimas que se han atrevido a denunciar, no soluciona el problema de raíz, solo lo detiene por un tiempo.

Como sociedad carecemos de memoria, pero, sobre todo, de responsabilidad. Tenemos una predilección por lo que Albert Bandura (1925-2021), psicólogo de corriente cognitivo conductual, llamó *locus de control externo*. Con esto, Bandura hacía referencia a la atribución que hacemos de lo que nos sucede. Quienes tienen locus de control externo atribuyen sus acciones, pensamientos, ideas y creencias al exterior. La suerte, el destino y Dios o el Diablo (para estos efectos son casi lo mismo) aparecen como causantes responsables de lo que nos sucede, eliminando la responsabilidad propia. Me rehúso a aceptar que «Dios sabe por qué pasan las cosas», de la misma forma que repudio la frase «Dios tiene un propósito». ¡No!, sea cual fuere el dios, la diosa o la virgen en la que alguien cree, la violencia es responsabilidad de quien la perpetra. ¡Punto!

Ningún propósito divino puede esconderse detrás de un cuerpo mutilado, de unos brazos quemados con colillas de cigarro, de unos pezones mordidos y de una cama de hotel bañada en sangre añeja, descubierta por una mucama que temía por la integridad de una turista y su mascota, que revoloteaba pasmada de miedo.

No sé qué me provoca más aversión, si la adjudicación de un femicidio a Dios o al Diablo. Creo que más lo primero que lo segundo. Esto quizá se deba a mi menor cercanía con las huestes demoniacas que con las celestiales y que, como es lógico, deberíamos sentir más comodidad de echar la culpa a lo que nos es más desconocido. Por esta misma razón, que la prensa nos alimente el «*etnocentrismo tico*» al indicar que uno de los supuestos agresores es extranjero (nicaragüense, para mayor exactitud) nos aliviana el peso que deberíamos cargar como sociedad, al asignar nuestros males a «otros» que vienen a «hacer daño a nuestra querida patria». Patriotismo banal y ridículo, este del que nos jactamos cuando descubrimos que en un crimen de tal calibre hay una persona extranjera involucrada. ¿Por qué se necesita indicar la nacionalidad del atacante, como si eso nos protegiera? ¿Eso acaso nos hace ver «menos malos» ante los ojos de los demás? ¿Minimiza la gravedad del acto criminal el hecho de que este no sea perpetrado por ciudadanos costarricenses? ¿Es más llevadero el dolor de la familia de las víctimas si quien viola, mata o agrede es de otro país?

María Luisa decidió ir sola a la playa y ese fue el error que le atribuyeron. El viajar sin un hombre sigue siendo una de las razones más usadas para revictimizar a las víctimas de femicidio, como si para poder transitar por las calles o irnos de vacaciones fuera necesario un tipo de pasaporte social, aprobado por quienes han ostentado el poder desde siempre. La ausencia de este salvoconducto por parte de las mujeres es para muchas personas la justificación del crimen, como si la transgresión del espacio público fuera la ficha que se necesita para poder culparnos.

La incapacidad de la sociedad, representada por los medios de comunicación masiva, para dar una explicación al fenómeno del femicidio, nos adentra en un círculo vicioso cargado de misoginia que no solo provoca una doble victimización, sino que triplica los efectos sobre la familia, representada principalmente por la madre.

Si María Luisa no era una drogadicta, no ejercía la prostitución y no estaba en búsqueda de un hombre que pagara la cuenta a cambio de compañía, entonces: ¿qué explicación le damos a este crimen? ¿Cómo resolvemos el enigma de su muerte?

Este sonado asesinato tampoco resultó lo que se ha mal llamado «crimen pasional», el cual es causa de muchos femicidios que son explicados desde «el amor». Cambiar la forma en que entendemos nuestros vínculos de pareja es un primer paso para evitar que más mujeres sigan muriendo a manos de quien se supone, debe amarlas.

Diccionario de bolsillo

• **Femicidio:** Se refiere al asesinato de una mujer por su condición de género, es decir, por el hecho mismo de haber nacido mujer.

• **Feminicidio:** Comprende el conjunto de delitos de lesa humanidad (crímenes, secuestros, desapariciones de mujeres y niñas) ante un Estado que permite, por acción u omisión, que este delito suceda. Fue acuñado por Marcela Lagarde (Antropóloga mexicana)

• **Misoginia:** Desprecio por la mujer o todo lo considerado femenino. A las personas que manifiestan este tipo de conductas se les denomina misóginas.

Capítulo 9

«*En el Albergue hablamos de cuanto hay. Es divertido, mezclamos todo, gritamos para que nos escuchen, abrazamos a alguien que llora, somos un caos coherente*».

—**Marcela Serrano**
El albergue de las mujeres tristes

Chachagua

El albergue de las mujeres tristes

La forma como nos han enseñado que se gestionan las emociones es diferente en los hombres que en las mujeres. Esto marca, no solo la forma cómo nos relacionamos en nuestros vínculos de pareja, sino aquella en la que nos comportamos con nuestras congéneres. Cuando conocí uno de mis libros favoritos: *El Albergue de las Mujeres Tristes*, de Marcela Serrano, tuve una comprensión más amplia del papel que juega esta socialización en la gestión de las emociones.

Desde entonces, me propuse crear mi propio albergue, donde las mujeres pudieran llegar a curarse, principalmente de los llamados «males de amores», ya sea desde la soledad buscada o desde la compañía de otras mujeres. **El Albergue de Chachagua** es un espacio seguro donde las mujeres, pueden llegar y dar rienda suelta a emociones como la tristeza, la angustia, el enojo, el resentimiento y cualquier otro cúmulo de sentimientos que hayan traído consigo.

Esta expresión emocional es distinta para los hombres, a quienes no se les ha permitido demostrarla. El llanto y el dolor parecen ser lugares vedados para ellos. Mostrar vulnerabilidad ha sido un signo de debilidad que pone en tela de juicio su virilidad. Mientras que las mujeres camuflamos el enojo con conductas propias de la tristeza, los hombres lo hacen al revés, es decir, que cuando están tristes se comportan como si estuvieran enojados, puesto que esta emoción sí les ha sido permitida e incluso valorada como un signo de poder y autoridad.

Esta diferencia no solo se vive en los vínculos cercanos, sino que es más evidente aún en los espacios laborales. En el trabajo, las mujeres podemos llorar, estar tristes e incluso manifestarlo de forma verbal, no obstante, cuando asumimos un rol de liderazgo en la organización, implícita o explícitamente, se nos pide que nos masculinicemos, sobre todo cuando nos corresponde estar en espacios dominados por los hombres.

Esta gestión de nuestras emociones y sentimientos, devenidas en conductas, se vivencian más en las relaciones de pareja, el lugar donde quizá nos duele más, principalmente por la forma en que nos han enseñado a amar. Deconstruir el concepto del amor romántico es quizá lo más difícil que hemos tenido que enfrentar las mujeres que tomamos la decisión de elevar nuestra conciencia de género. Frías, secas y distantes son algunos de los adjetivos con los que nos definen.

Deconstruir el amor romántico no es fácil para ninguna de las partes. Sería sencillo si siguiéramos cumpliendo con los roles tradicionales, pero cuando una de las partes decide tomar una ruta distinta, nos encontramos a veces en caminos que se bifurcan. Pocas personas tienen la dicha de llegar a un punto de encuentro donde se puede caminar en rutas paralelas.

Muchas mujeres permanecen en relaciones abusivas porque así aprendieron a «amar» y a «ser amadas». Recibieron lecciones que proponían que soportar los malos tratos era símbolo de amor, que sacrificar sus propios sueños para potenciar los de los demás era «lo que hace una buena mujer» y, peor aún, escuchamos durante cientos de años que las mujeres debemos «cuidar a nuestro marido porque si no llega otra que nos lo quita».

Este último aprendizaje es quizás uno de los que más caro nos ha costado a las mujeres. Convertir la falta de lealtad de una relación en una responsabilidad exclusiva de la otra persona y no de aquel con quien hemos decidido mantener un vínculo, es perpetuar la rivalidad entre mujeres y perpetuar la eterna separación entre las «buenas» y las «malas» mujeres. Esta competencia entre mujeres ha sido el arma perfecta para sostener y justificar relaciones desiguales. «*Divide y vencerás*» es el lema insigne para mantener la superioridad de lo masculino sobre lo femenino y seguir adjudicando la culpa de los comportamientos de otros a las mujeres. Esta culpabilización acarrea consigo una lista casi interminable de calificativos: «la otra», «la amante», «la moza» o «la trampa», mientras la pareja «oficial» es la madre abnegada, la mujer de la casa o la idiota que aguanta.

Confundir el amor y el interés genuino por la otra persona con el falso romanticismo es algo que ha sido reforzado por la música popular, que también promueve la eterna competencia femenina y el lugar pasivo de la mujer, quien no solo se debe dejar conquistar, sino que además debe lanzar un *sí camuflajeado*. En palabras de Ricardo Arjona:

♫ *Si me dices que sí, piénsalo dos veces*

♫ *Puede que te convenga decirme que no*

♫ *Si me dices que no, puede que te equivoques*

♫ *Yo me daré a la tarea de que me digas que sí*

♫ *Si me dices que sí, dejaré de soñar y me volveré un idiota*

♪ *Mejor dime que no*

♪ *Y dame ese sí, como un cuentagotas, dime que no*

♪ *Pensando en un sí, y déjame lo otro a mí*

♪ *Que si se me pone fácil*

♪ *El amor se hace frágil y uno para de soñar*

♪ *Dime que no*

♪ *Y deja la puerta abierta...*

♪ *Y sigue:*

♪ *Dime que no*

♪ *Me tendrás pensando todo el día en ti*

♪ *Planeando la estrategia para un sí*

♪ *Dime que no*

♪ *Lánzame un sí camuflajeado*

♪ *Clávame una duda*

♪ *Y me quedaré a tu lado.*

La idea del amor romántico que todo lo sufre y todo lo soporta se robustece con mensajes donde la mujer se culpa a sí misma por el hombre que se marchó y, además, acarrea con la responsabilidad de hacer que la relación vuelva a funcionar.

♪ *Amiga, yo no sé qué está pasando*

♪ *¿Será que habrá encontrado*

♪ *otra mujer?*

♪ *Ya no es el mismo.*

♪ *Su indiferencia,*

♪ *la siento por las noches.*
♪ *Rechaza mi presencia.*
♪♪ *Amiga, ¿no será que has descuidado*
♪♪ *la forma de buscarlo en el amor?*
♪♪ *Quizás la casa, la rutina*
♪♪ *se ha convertido en tu enemiga*
♪♪ *y está cobrando un alto precio*
♪♪ *por tu error...*

Si mantener un vínculo de pareja en mujeres que hemos decidido transitar la ruta hacia relaciones más paritarias es difícil, será más complejo aún acercarnos al otro como sujetos deseantes, porque el lugar que siempre hemos tenido asignado es el de objeto deseado. Tomar la iniciativa, revelar nuestro deseo por el otro o ser la primera en invitar a salir, siguen siendo rituales con marca masculina, que muchas mujeres aún no nos atrevemos a ejercer y que, la mayoría de hombres enfrenta, desde el temor, la confusión o desde conductas misóginas que nos mantienen en el lugar pasivo del que hemos sido presa. Los hombres se acercan a la ruptura paradigmática de la división de género sin saber muy bien cuál es el rol que tienen que jugar o aquel que las mujeres deseamos que jueguen.

«*¿Qué significa escuchar con empatía?*». Fue una pregunta con algo de frustración que me hizo un hombre una vez que decidí culminar nuestra relación de pareja. Ese día yo misma tuve una lección de empatía que me llevó a entender que no podemos pretender relaciones más paritarias si nosotras mismas no estamos dispuestas a dejar de lado la ganancia secundaria que ha traído consigo mantener esa separación de roles.

Tener la capacidad de decir: ¡No quiero!, o, ¡Sí quiero!, pero también ser capaces de aceptar el rechazo, que nos cuesta tanto. De alguna forma, es un acto de valentía y de rebelión.

Aunque *El Albergue* fue creado para mujeres, cada vez son más los hombres que se acercan a él, con la intención de buscar un espacio de vulnerabilidad. Todavía no lo hacen en compañía de otros hombres, pero vamos camino a ello. Las mujeres, por nuestro lado, continuamos visitándolo como una forma de establecer redes de apoyo entre nosotras, de escuchar sin juicios cómo nos enamoramos o cómo queremos volver a estar en una relación.

Nos acercamos a *El Albergue* con una serie de emociones a las que, a veces, no hemos podido nombrar. Con un dolor en el cuello o el vientre por la rabia o el dolor que se nos ha acumulado. Llegamos con la esperanza de la cura que nos da aceptar nuestra emocionalidad, comprender por qué nos comportamos como lo hacemos, con la convicción de que queremos ser reconocidas como una legítima otra.

Diccionario de bolsillo

• **Amor romántico:** Se refiere a la idea errónea del amor donde la mujer se anula a sí misma, soporta violencia y permanece en una relación de abuso a cambio de la creencia de que lo hace en nombre del amor.

• **Ganancia secundaria:** Término utilizado en la psicoterapia como una forma de referirse al beneficio inconsciente que se obtiene con una conducta.

Capítulo 10

¿Qué vas a echar en tu saco?

En cada uno de los capítulos te conté historias que espero te hayan ayudado a entender mejor las diferentes manifestaciones de la violencia de género, las cuales, como viste, no son exclusivas de las protagonistas de los relatos. Creo que todas las personas, sin importar nuestra identidad de género, hemos sido testigos de algunas situaciones similares.

Podemos conectar con estos relatos desde la ira, la tristeza, el miedo, la indignación, la solidaridad o la compasión, pero mi intención es que estos sentimientos te muevan a la acción y te conduzcan a la certeza de que es posible decir *STOP* a la violencia.

El machismo no es una conducta exclusivamente masculina, es una conducta humana de la que no debemos culparnos, sino responsabilizarnos. Tomar acción es cuestionar primero nuestras ideas, pensamientos, prejuicios y sesgos al acercarnos a otras personas. Si no empezamos por lo interno, no podemos esperar resultados mágicos en nuestras relaciones de pareja, familia, sociales y laborales.

Escucho con frecuencia decir: «*Imagina que fuera tu hija, tu hermana, tu pareja o tu mamá*», pero te invito a que modifiques esa forma de pensar, ya que no es necesario haber tenido una hija, ser pareja o tener un rol de crianza para ser una persona que trabaja, diariamente, para erradicar la violencia de género.

En mi experiencia trabajando con empresas, suelo experimentar episodios de enojo por parte de los hombres, quienes se sienten atacados cuando se aborda este tema, más si lo hace una mujer o alguien de la comunidad LGTBIQ+. Algunas mujeres, por su parte, con frecuencia, manifiestan indiferencia e incluso más violencia hacia sus congéneres, tachando el discurso de ridículo, innecesario y catalogando a quienes lo promovemos de «feminazis».

Hablar de género, feminismo y de nuevas masculinidades resulta, para algunos, en una especie de escarnio público, del cual no quieren ser protagonistas. Se trata de evidenciar, de poner sobre la mesa un tema que es una preocupación de todos y todas. De mirar para adentro y tomar responsabilidad de lo que sí podemos hacer: gestionar nuestras emociones y conducta.

Como cualquier aprendizaje, cuestionar y erradicar la violencia de género es un proceso continuo y que, si te comprometes, va cada vez en aumento. Te puedo asegurar que cuanta más conciencia de género vayas adquiriendo, más te va a sorprender cómo algo que antes era cotidiano para ti y no lo entendías como violencia, ahora sí lo es. Conforme avanzas en este camino, la capacidad para analizar las diferentes manifestaciones de la violencia de género se hace más sencillo.

Transitar este camino no es fácil, es un tema que no muchas personas quieren abordar, pero que, afortunadamente, cada vez se pone más sobre la mesa. Mi abuelita siempre decía que

«*Nadie escarmienta por cabeza ajena*», pero también decía: «*Mijita, eche pa´ su saco*».

Esa es mi invitación para ti, si algo aprendiste leyendo estas experiencias: ¿Qué vas a echar en tu saco?

Acerca de mí

Me dijeron que nunca sería Gerente

Estudié Psicología en la Universidad de Costa Rica. Entré a los 17 años y salí casi 5 años después. Cuando, en 2005 tuve mi primer trabajo en Recursos Humanos, mi jefe me preguntó dónde me veía en la empresa, a lo que mi respuesta inmediata fue: «*Quiero ser la Gerente General de la empresa*». No sé si lo pensó, pero acertó a decirme: «*Mija, vos nunca podrás ser Gerente General de ninguna empresa, porque sos psicóloga*». Lo curioso es que no me enojé, ni tampoco me entristecí. Creo que agradecí el consejo no solicitado.

Así fue como ingresé a mi maestría en Administración de Empresas, la cual me dio bases de finanzas y mercadeo, que disfruté profundamente. Dejé la academia formal por mucho tiempo hasta que, en 2020, el COVID me ayudó a invertir mejor mi tiempo en una Maestría en Gerencia de Proyectos con enfoque de género, la cual venía a dar respaldo a todo el trabajo que venía haciendo en temas de género desde 2010.

Luego de desempeñarme por mucho tiempo en roles de recursos humanos en Latinoamérica y ser la Socia Fundadora de *Search* en Costa Rica, empecé a trabajar en la creación de espacios organizacionales más paritarios, con el fin de que otras mujeres pudieran acceder al empleo, tomando como premisa que la independencia económica es la base para que una mujer pueda salir de una relación de violencia. Cuando una mujer crece, crecen muchas personas al lado de ella.

Mi nombramiento como CEO para *Search Latinoamérica* en 2018, impulsó mi trabajo en temas de diversidad e inclusión, promoviendo espacios de reflexión y capacitación en áreas como Sostenibilidad, Ética y Derechos Humanos. Así nació *Mujeres Disruptivas*, un evento que busca visibilizar las buenas prácticas de empresas públicas, privadas y ONG, en la promoción de igualdad de oportunidades de trabajo, uniendo los esfuerzos de mujeres que impactan en sus empresas, la política, la ciencia y la tecnología, la cultura, el deporte y el arte.

Como siempre quise tener un programa de radio y ser escritora, me di a la tarea de estudiar también *Storytelling* y locución. Así, combino mi trabajo en Search como columnista y conferencista internacional en temas de empleo, liderazgo, género, violencia, feminismo, diversidad e inclusión.

Ticas Poderosas y mi curso en Platzi: ***Diversidad e Inclusión para empresas***, me dieron la oportunidad de romper no solo paradigmas sino, además, temores internos. Si no me encuentran por mi nombre en ***Ticas Poderosas*** es porque ahí me llamo: Renata Infante.

Servicios Profesionales

Elevar nuestra conciencia de género y la de nuestras organizaciones, puede ser un trabajo complejo. Si deseas que te acompañe en este proceso, te puedo apoyar en:

• Charlas y talleres de sensibilización y formación

• Generación de comunidad y *networking*

• *Mentoring* y coaching

• Producción de eventos

• Diseño de comunicados de prensa, *publicity* y generación de contenido

• Programas de atracción y desarrollo de talento

• Diseño de estrategias de bienestar organizacional con enfoque de género

Si solo quieres conversar conmigo y darme tus puntos de vista, también me encantaría escucharte. Puedes contactarme en mi página web:

www.women.lat

También puedes escribirme a:

hola@women.lat

Agradecimientos

A David, Marcel y Marco,
por ser un excelente equipo de asesores.

A my Soulmate, Luis Peña,
por creer en Renata y en Iva
desde el inicio de mis primeros blogs y
por acompañarme en todo el proceso.

Cristianas, Profesionales y Promiscuas
Ivannia Murillo
2023

www.ingramcontent.com/pod-product-compliance
Lightning Source LLC
Chambersburg PA
CBHW031422210526
45464CB00005B/2013